REFLEXÕES
SOBRE EDUCAÇÃO,
FORMAÇÃO E
ESFERA PÚBLICA

C331r   Carvalho, José Sérgio
              Reflexões sobre educação, formação e esfera pública /
           José Sérgio Carvalho. – Porto Alegre : Penso, 2013.
           160 p. ; 23 cm.

           ISBN 978-85-65848-00-8

           1. Educação. 2. Gestão educacional. I. Título.

                                                                 CDU 37.07

Catalogação na publicação: Ana Paula M. Magnus – CRB 10/2052

José Sérgio Carvalho

REFLEXÕES SOBRE EDUCAÇÃO, FORMAÇÃO E ESFERA PÚBLICA

2013

© Penso Editora Ltda., 2013

Gerente editorial: *Letícia Bispo de Lima*

Colaboraram nesta edição

Editora: *Lívia Allgayer Freitag*

Capa: *Maurício Pamplona*

Preparação de originais: *Josiane Tibursky*

Leitura final: *Lara Frichenbruder Kengeriski*

Editoração eletrônica: *Formato Artes Gráficas*

Todos os direitos reservados à
PENSO EDITORA LTDA., uma empresa do GRUPO A EDUCAÇÃO S.A.
Av. Jerônimo de Ornelas, 670 – Santana
90040-340 Porto Alegre RS
Fone (51) 3027-7000 Fax (51) 3027-7070

É proibida a duplicação ou reprodução deste volume, no todo ou em parte, sob quaisquer formas ou por quaisquer meios (eletrônico, mecânico, gravação, fotocópia, distribuição na Web e outros), sem permissão expressa da Editora.

SÃO PAULO
Av. Embaixador Macedo Soares, 10.735 – Pavilhão 5 – Cond. Espace Center
Vila Anastácio – 05095-035 – São Paulo SP
Fone (11) 3665-1100 Fax (11) 3667-1333

SAC 0800 703-3444 – www.grupoa.com.br
IMPRESSO NO BRASIL
PRINTED IN BRAZIL

À Diana, companheira nas lutas do mundo e nas alegrias da vida.

Agradecimentos

Ao CNPq, pelo apoio às pesquisas e aos estudos que tenho realizado.

À Helena Meidani, pela primeira revisão dos textos.

Aos colegas do Grupo de Estudos e Pesquisas em Educação e Pensamento Contemporâneo da Faculdade de Educação da USP, cuja interlocução tem sido um constante estímulo à docência e à reflexão.

Sobre o autor

José Sérgio Carvalho é Mestre e Doutor em Filosofia da Educação pela Universidade de São Paulo, onde leciona em programas de graduação e pós-graduação. Foi pesquisador convidado da Universidade de Paris VII Denis Diderot (FAPESP 2011-2012). Desde 2007 desenvolve pesquisas, apoiadas pelo CNPq, sobre os vínculos entre o pensamento político de Hannah Arendt e a educação no mundo moderno. Tem atuado ainda na área de formação de professores em direitos humanos, com projeto vinculado à Secretaria Especial de Direitos Humanos. Foi membro da Cátedra USP/UNESCO de Educação para os Direitos Humanos e do Grupo de Estudos em Temas Atuais da Educação, ambos no Instituto de Estudos Avançados da USP.

Sumário

Apresentação 13
   Maria Helena S. Patto

Prefácio.. 25
   José Sérgio Carvalho

1 A liberdade educa ou a educação liberta?
   Uma crítica às pedagogias da autonomia à luz
   do pensamento de Hannah Arendt 27

2 Cultura escolar e formação ética.. 42

3 Teoria e prática na formação de professores 57

4 O declínio do sentido público da educação 74

5 "Democratização do ensino" revisitado................................. 88

6 Considerações sobre as noções de erro e
   fracasso nos discursos educacionais...................................... 100

7 Reflexões sobre o discurso pedagógico das
   diretrizes curriculares para o ensino médio......................... 118

8 De psicologismos, pedagogismos e educação...................... 129

9 Uma ideia de formação continuada em
   Educação e Direitos Humanos 142

Referências... 157

Apresentação

> *O que me parece surpreendente, em primeiro lugar, é a disjunção que se opera entre o Sujeito e o conhecimento. Se eu lembrava, em grandes pinceladas, qual era a inspiração da educação humanista, era para dar a entender que o conhecimento como tal não pode se isolar da formação do Sujeito, e que o próprio conhecimento, como acesso à cultura, tem dimensão ética, dimensão política, dimensão estética. Esse conhecimento indefinido, não determinável, por excelência não mensurável, é ele agora que se torna da ordem do supérfluo, é ele agora que se torna da ordem da pura abstração.*
>
> Claude Lefort

Nos nove capítulos que compõem *Reflexões sobre educação, formação e esfera pública*, José Sérgio Carvalho nos apresenta a chave de sua leitura da atual política educacional brasileira: a crítica a um conceito problemático de liberdade e a uma concepção de ensino fundada na racionalidade instrumental que invadiram todos os espaços em que se planeja o rumo do ensino escolar público fundamental e médio e fizeram das escolas ambientes falsamente democráticos ou arremedos grosseiros da linha de montagem da produção fabril. Nas últimas décadas, é visível o avanço desta última. Manuais de instrução reduzem professores a executores mecânicos de tarefas parcelares; diretrizes curriculares fazem do ensino o meio de produção do produto almejado – alunos manipulados para acreditar que o diploma lhes garantirá emprego em um mundo em que o desemprego tornou-se estrutural e sem formação intelectual que lhes permita questionar o mundo em que vivem e participar ativamente da construção coletiva de uma sociedade norteada pelo bem comum. A sedução das pedagogias não diretivas e do taylorismo no campo educacional não é nova. As propostas de uma sociedade sem escolas, ou seja, as declarações de que a escola estava morta, e a criação de instituições educacionais regidas pela liberdade sem medo, como a pedagogia fundada na segmentação e na ordenação do trabalho escolar em nome da rapidez e da eficiência na obtenção de competências e habilidades do alunado e apoiada na Psicologia como uma de suas ciências auxiliares, são pilares da construção do pensamento educacional hegemônico moderno. O vezo tecnicista já estava nas bases da Escola Nova. Mas é preciso que se diga: ambas foram inicialmente crença sincera, ainda que equivocada, na possibilidade de fazer da escola instituição social encarregada da construção de uma sociedade livre, igualitária e fraterna; hoje, reiteração de projetos que a própria história desmentiu, que deixaram de ser esperança ingênua e passaram a expressão do cinismo dominante. Não por acaso, entre as palavras usadas nos escritos de José Sérgio para caracterizar o discurso educacional em vigor, sobressai o uso recorrente de termos como "*slogans*", "frases feitas", "palavras de ordem", "chavões", "fórmulas verbais", "retórica" – discurso ornamental e vazio que funciona como invólucro que ajuda a vender o produto anunciado, porque lhe empresta aparência democrática e atual.

É sobre esse discurso que José Sérgio se debruça de saída, no entanto, é necessário sublinhar que, para criticá-lo, ele não se vale de *slogans*, palavras de ordem ou frases feitas em direção contrária, mas faz um trabalho paciente, preciso e precioso de escavação da superfície dos textos oficiais, em busca do que se oculta ou se perde nas entrelinhas. E o que geralmente encontra é uma variedade de "equívocos graves", que, por sua vez, geram "problemas graves", que inviabilizam, na vida diária escolar, a realização dos objetivos proclamados. Metas são definidas por expressões que, à primeira vista, sugerem determinação política de fazer da Escola um lugar de formação intelectual, mas que não resistem a uma análise conceitual mais profunda, que logo desvela a "anemia semântica" que perpassa os discursos e os documentos técnico-administrativos que norteiam a política educacional.

* * *

Esta empreitada seria impossível sem a contribuição da Filosofia. A formação filosófica do autor é ferramenta essencial na análise dos temas abordados em todos os ensaios. José Sérgio mantém uma *atitude filosófica* diante de seus objetos de estudo, atitude que, como sabemos, é feita de indagação do que, já cristalizado em chavão, parece inquestionável, "tido como certo" e, como tal, dispensa reflexão. Ele pratica a Filosofia como "decisão de não aceitar como óbvias e evidentes as coisas, as ideias, os fatos, as situações, os valores, os comportamentos de nossa existência cotidiana; jamais aceitá-los sem antes havê-los investigado e compreendido", como atitude que nos impede de ter "aceitação imediata das coisas, sem maiores considerações".[1] Movido por essa disposição, ele assinala, a propósito da passagem direta das teorias à prática escolar, que "a filosofia não é um *estoque de respostas*, mas *um modo de interrogar* a educação".

Os temas abordados são muitos, todos fundamentais ao entendimento dos (des)caminhos do ensino público fundamental e médio no País. A sequência dos textos desenha um roteiro: no ponto de partida, questões conceituais que serão aprofundadas nos textos subsequentes; no ponto de chegada, o relato de uma experiência de formação continuada de professores em torno do tema dos direitos humanos. No percurso, a proposta se esclarece: não se trata de persuadir, mas de elucidar. No foco da atenção, os erros engendrados pela polissemia de palavras e expressões de uso corrente nos textos oficiais, como "educação para a liberdade", "educação para a cidadania", "educação de qualidade", chavões que constroem uma fachada edificante que tenta esconder a irresponsabilidade com que se definem os rumos da política educacional, leviandade de profundas consequências negativas em todas as dimensões do ensino oferecido. É esse o pano de fundo da reflexão sobre liberdade, ética e política, público e privado, cidadania, formação, relação professor-aluno, autoridade e da própria especificidade da Escola e da educação escolar. Desde o primeiro texto, sobre o conceito de liberdade que estrutura as pedagogias não diretivas, explicitam-se os autores de referência: José Sérgio reflete sobre as questões abrangidas pelas três palavras que nomeiam a coletânea em muitas companhias, entre as quais se destacam Hanna Arendt, José Mário Pires Azanha e Claude Lefort.

* * *

A obra de Arendt, sobretudo os ensaios de *Entre o passado e o futuro*, é a principal referência, e tem como *Leitmotiv* a vida pública e sua natureza ético-política, para a qual cabe à educação preparar as novas gerações. Por isso, das escavações nos subterrâneos do discurso educacional hegemônico, José Sérgio volta à superfície trazendo nas mãos essa dimensão perdida. Sem ela, não há formação escolar para a cidadania, mas tão somente deformação, pseudoformação individualista, ou, na melhor das hipóteses, semiformação, ou seja, aprendizagem reduzida a acúmulo de informações, a aquisição de habilidades e competências que supostamente garantirão emprego e ascensão social. O título do livro de Arendt é recurso engenhoso para dizer que o presente só pode ser entendido se remetido ao passado, à tradição que o engendrou, e se pensado na perspectiva do futuro que se quer construir a partir da crítica do estabelecido.

Os escritos de José Mário Azanha, por sua vez, sempre enfatizaram a dimensão pública da educação, criticaram uma filosofia educacional baseada na ideia do professor como preceptor de indivíduos e trouxeram à tona os enganos decorrentes da "unanimidade de superfície e da divergência profunda acerca do significado de 'democracia'" no campo da educação escolar. O cerne da argumentação de Azanha é assim resumido por José Sérgio (p. 63):

> [...] a insistência – ainda hoje – em identificar a "democratização da educação" com a mera implantação de métodos pedagógicos e ritos de escolha como assembleias e eleições, supostamente capazes de cultivar a liberdade do educando, tem resultado no empobrecimento tanto das discussões acerca do conceito de democracia como das que examinam seu vínculo com as práticas educacionais. Seja qual for o valor educativo dessas práticas, dentro da escola, elas nunca serão mais que um simulacro de democracia; um "faz de conta pedagógico", no qual a liberdade interna da vontade individual é confundida com a liberdade como fenômeno político e a questão crucial da democratização do acesso a um patrimônio cultural fica obscurecida pelo ideal de relações interpessoais supostamente "democráticas", porque alegadamente "igualitárias".

Sobre isso, um parêntese: Arendt participa dessa crítica quando define a escola como um espaço pré-político.

É esse simulacro que é preciso denunciar para que se possa anunciar, no ato mesmo da denúncia, uma política educacional que vise a democratização possível da escola pública nas condições históricas atuais. Daí o fio condutor que une os capítulos reunidos nesta obra: a crítica da liberdade entendida como autonomia do educando, a análise detida dos problemas graves que essa concepção causa em todos os aspectos da vida escolar e a defesa da ressignificação, no contexto escolar, da liberdade como "desígnio da ação política", não como a liberdade individual proclamada pelo liberalismo. Nesse sentido, fica uma questão: será válida a inclusão da pedagogia do oprimido de Paulo Freire entre as "pedagogias da autonomia"? Talvez ela seja adequada às restrições de Arendt à transformação da "ação educativa na fabricação de um amanhã utópico preconcebido por uma geração para ser realizado por outra".

De Lefort destaco um trecho a respeito da ruptura com a concepção humanista de educação produzida por um discurso utilitarista da educação, de forte presença nas reflexões de José Sérgio sobre as repercussões dessa ruptura na política educacional brasileira atual:

> Sob o signo do utilitarismo, afirma-se, por um lado, que o ensino deve ser modificado para ser adaptado às exigências da vida econômica, dá-se conta por isso da situação da demanda de mercado, invocam-se as exigências do progresso técnico; por outro lado, defende-se a condição do aluno [...] com a reivindicação de que esse estudante encontre soluções ao sair da escola ou da universidade e, o que não é menos significativo, o estudante tende a formular, como se viu em 1968, a demanda de um saber do qual ele possa se tornar o senhor, de um saber que possa ser determinável, que possa, no limite, ser mensurável e, com frequência ele recusa, sob a fachada de uma denúncia do carisma do professor, a ideia de um saber que ele não será capaz de apreciar segundo critérios definidos. [...] Porém, o que hoje se dá a entender é que é preciso uma educação viva, é preciso fazê-la passar de algum modo do polo de um conhecimento morto ao polo da vida, que se deve passar do conhecimento do passado ao conhecimento do presente, que é preciso, como se diz, abrir a escola, a universidade para o mundo exterior, que é preciso banir o artifício da regra, o artifício da autoridade, para tornar a educação algo natural para a criança, para o aluno. [...] Se nos detivermos nesses argumentos, talvez possamos ver em que consiste a profunda ruptura com o que foi a concepção humanista de educação, concepção petrificada depois nas instituições que não procuro defender, mas que ainda trazem vestígios de sua inspiração. O que revela a ruptura operada tanto pelo discurso utilitarista quanto pelo discurso emancipador, ao que me parece, é o ataque feito à própria noção de "cultura". Digo, de modo preciso, noção de "cultura"; não ataque à imagem das humanidades clássicas, à imagem da língua latina; porém ataque à ideia de uma cultura que precisamente seria indefinível e seria algo completamente diferente de um conjunto de técnicas de conhecimento. (Lefort, 1999, p. 218-219)[2]

Cenário que, gerado na década de 1970 na Europa, se disseminou nas décadas seguintes, pela imposição, por instituições financeiras internacionais, dessas diretrizes à política educacional de países dependentes, entre os quais o Brasil.

* * *

É no bojo da retomada da Escola como instituição portadora de peculiaridades que se distingue substantivamente das demais instituições educativas que os ensaios aqui reunidos repensam os erros da política educacional. Destaquemos alguns. (1) O caráter único da cultura escolar inclui a passagem da criança a *aluno* e do educador a *professor*, mutações que alicerçam a especificidade do trabalho escolar. Aluno e professor, portanto, só podem ser compreendidos a partir de seu vínculo institucional. (2) A desconsideração das peculiaridades históricas e sociais da educação escolar e da cultura das instituições escolares é constitutiva dos psicologismos e pedagogismos que não passam de ideologia, pois teorias científicas feitas de lacunas, espaços em branco, silêncios que as povoam de abstrações e inversões. Reducionismos que têm sido objeto de reflexão de José Sérgio, crítico corajoso das modas construtivistas piagetiana e vygotskiana que, como não poderia deixar de ser, não produziram os resultados pedagógicos prometidos e instalaram enganos graves no cotidiano escolar, porque "pedagogias esquecidas da escola". (3) Resultados negativos que, salienta o autor, decorreram também de uma relação equivocada entre a Universidade e a Escola: de um lado, reducionismos na produção acadêmica invadida pelo discurso técnico entendido como modernização e por pedagogias e psicologias que desconsideram a escola como instituição social orientada por valores políticos de natureza histórica; de outro, uma política educacional em busca de resultados quantificáveis imediatos. O encontro desastroso é promovido por "relações entre a universidade e a rede pública concebidas como fundamentalmente unidirecionais; caberia à primeira 'socializar' suas pesquisas e, à segunda, 'absorver e implementar' esses 'avanços'". Uma experiência de formação de professores permitiu a José Sérgio formular um princípio fecundo a esse respeito: "a relação entre a universidade pública e a rede pública não deve ser concebida como prestação de serviço (da primeira à segunda), mas como oportunidade de fecundação mútua e preservação das particularidades". (4) É no terreno minado do tecnicismo que se alojam avaliações da aprendizagem que tomam como "erro" toda e qualquer resposta dos alunos que não seja repetição literal do que o professor disse e técnicas de avaliação psicológica que culpam alunos vitimados por uma escola em cacos, recurso poderoso de dominação que os rotula e condena, mais cedo ou mais tarde, à exclusão escolar. (5) Foi também nesse terreno que se abriu espaço para uma sucessão de "modas" psicopedagógicas que se apresentam como "metodologias redentoras", mas que não passam de panaceias que movimentam um comércio de pacotes pedagógicos que, portadores do selo de garantia da cientificidade, não passam de mercadorias altamente lucrativas negociadas por empresas privadas que as produzem e negociam com instituições governamentais. A esse respeito, vale destacar a pertinência de uma afirmação corajosa do autor de *Reflexões sobre educação, formação e esfera pública*: a *ágora* da *polis* grega foi substituída pelo *shopping center*.

* * *

É no âmago de reducionismos pedagógicos e psicológicos que se engendram concepções da relação professor-aluno e da formação de professores que contribuem para a decadência generalizada do ensino público brasileiro fundamental e médio.³ Sobre esses dois aspectos da educação escolar, intimamente relacionados, a contribuição deste livro é indispensável, por vários motivos: porque enfatiza a *diferença* dos lugares ocupados pelo professor e pelo aluno, sem a qual não há ensino; porque faz a crítica do desacerto contido na redução da autoridade a autoritarismo; porque põe a ética no centro das atividades realizadas nas instituições escolares que se queriam formadoras de cidadãos voltados para a dimensão pública da vida, ou seja, guiados pelo "compromisso com o mundo". Sobre essa questão, os capítulos vêm para lembrar que a educação para a cidadania, assim definida, requer, acima de tudo, atenção aos *valores* que a nortearão e uma redefinição dos objetivos da formação de professores, de modo a prepará-los para a realização desse trabalho (p. 145):

> em uma formação cujo objetivo é vincular a escola à difusão e ao cultivo dos princípios éticos ligados à vida pública, o resultado que se espera da ação docente não é apenas a eficácia na transmissão de uma informação ou na aprendizagem de uma capacidade ou competência, mas o esforço no sentido de cultivar uma determinada forma de se conceberem o mundo e os homens, de se relacionar consigo, com os outros e com a sociedade; em suma, trata-se de uma formação ética e política.

Nesse sentido,

> ações pontuais são definitivamente insuficientes se o que se pretende, mais do que difundir informações, é cultivar valores que se traduzam em um modo de vida, ou seja, uma formação voltada para uma ação ético-política identificada com os Direitos Humanos. (p. 153)

Dizendo de outro modo, a educação escolar só é formação quando pautada por *valores positivos*, expressão cunhada por Agnes Heller para designar relações, ações, ideais sociais que trazem aos homens maiores possibilidades de objetivação, que orientam a sociabilidade, que configuram universalmente a consciência e que aumentam a liberdade social, pois lhes permitem passar do mero individualismo ao compromisso humano-genérico.[4] Liberdade, como nos lembra José Sérgio, que não se resume à garantia de direitos individuais, mas que nasce do ato de fazer com os outros um "nós", sem o que não há "compromisso com o curso do mundo".

Nos escritos de José Sérgio, a democratização do ensino não se faz, portanto, por meio de prescrições técnicas que acelerem e aumentem a eficiência do ensino de habilidades e competências instrumentais avaliada quantitativamente. Os problemas em foco "não são problemas pedagógicos, são problemas políticos de primeira grandeza" (p. 41). Não são métodos e técnicas seguidos à risca que formam os novos membros que chegam à sociedade para que possam participar ativamente da construção de seu futuro formador; é um professor que, no ensino da matéria que lhe cabe, se relaciona com seus alunos de modo reflexivo, crítico e democrático, porque formado para o exercício ético-político de sua profissão, cuja essência não é a simples transmissão de um *saber fazer*, mas uma atitude ética voltada a um permanente *fazer saber*. São os princípios que orientam os adultos responsáveis pela vida diária escolar que fazem da escola instituição social comprometida com o rumo do mundo. Vale aqui transcrever o último parágrafo de "Cultura escolar e formação ética":

> [...] é sendo um professor justo que ensinamos a nossos alunos o valor e o princípio da justiça. Sendo respeitosos e exigindo que eles também o sejam, ensinamos o respeito não como um conceito, mas como um princípio que gera disposições e se manifesta em ações. Mas é preciso também ressaltar que o contrário também é verdadeiro, pois, se virtudes como o respeito, a tolerância e a justiça são ensináveis, também o são os vícios como o desrespeito, a intolerância e a injustiça. E pelas mesmas formas. (p. 154)

De onde conclui que

> os alunos em formação não reagem apenas a técnicas, métodos e procedimentos a que são submetidos. Reagem também e fundamentalmente à singularidade da pessoa que os ensina, a sua visão de mundo; reagem, portanto, não somente *àquilo* que o professor faz, mas a *quem* ele é. (p. 72)

Eu diria que, sobretudo, à maneira como ele se relaciona com os conteúdos que ensina. Na literatura atual sobre a relação professor-aluno, a relação do professor com os saberes que transmite vem recebendo o nome de "estilo" e vem sendo considerada a principal fonte de formação dos alunos.

Por isso, em companhia de Azanha, José Sérgio sublinha: "o objeto da formação continuada deve ser a cultura institucional, e não a consciência individual do professor". Noutras palavras, é a escola, e não a competência de professores individuais, que deve ser o alvo das políticas educacionais que querem mudar o rumo da escola pública brasileira. Claude Lefort soma com essa concepção quando afirma, no ensaio mencionado: "A instituição era concebida como produto da educação e ao mesmo tempo como seu agente. [...] A ideia segundo a qual a instituição possa aparecer como uma 'pessoa', possa *se representar*, possa ter autoridade – eis algo que não mais ganha sentido". Walter Benjamin, ao refletir sobre a educação ética em um pequeno texto escrito na juventude, também sublinhou a importância formadora do espaço público ao afirmar que não se adquire sensibilidade ou compromisso ético por meio de preleções edificantes ou pregações racionalistas impostas por meios psicológicos ou pedagógicos; "a capacidade de empatia moral", diz ele, "não se avoluma com a absorção das motivações e da matéria didática", pois o perigo de que "a matéria didática ultrapasse excessivamente a sensibilidade moral e a embote" é sempre iminente. A simpatia e o amor ao próximo, diz ele, são sentimentos que só podem ser vivenciados comunitariamente, ou seja, em um coletivo eticamente orientado, "nunca em uma aula de moral" (Benjamin, 2009, p. 11-19).[5]

Cabe aqui uma observação: todas essas considerações se movem em direção contrária à definição do exercício da profissão de professor reduzida ao desempenho de um papel, pois os papéis, como nos adverte Heller, estereotipam. As relações formadoras se dão na esfera do convívio democrático que, sublinhemos, não exclui a autoridade dos adultos, como nos ensina Arendt, em uma passagem cara a José Sérgio sobre a perda moderna da autoridade, escrita no auge da moda das "pedagogias libertadoras":

> Qualquer pessoa que se recuse a assumir a responsabilidade coletiva pelo mundo não deveria ter crianças, e é preciso proibi-la de tomar parte em sua educação. Na educação, essa responsabilidade pelo mundo assume a forma de autoridade. A autoridade do professor e as qualificações do professor não são a mesma coisa. A qualificação do professor consiste em conhecer o mundo e ser capaz de instruir os outros acerca deste, porém, sua autoridade se assenta na responsabilidade que ele assume por este mundo. [...] Pois bem sabemos todos como as coisas andam hoje com respeito à autoridade.

Qualquer que seja nossa atitude pessoal face a esse problema, é óbvio que, na vida pública e política, a autoridade ou não representa mais nada – pois a violência e o terror exercidos pelos países totalitários evidentemente nada têm a ver com autoridade – ou, no máximo, desempenha um papel altamente contestado. [...] Ao removermos a autoridade da vida política e pública, pode ser que isso signifique que, de agora em diante, se exija de todos uma igual responsabilidade pelo rumo do mundo. Mas isso pode também significar [...] que toda e qualquer responsabilidade pelo mundo está sendo rejeitada. Não resta dúvida de que, na perda moderna da autoridade, ambas as intenções desempenham um papel e têm muitas vezes, simultânea e inextricavelmente, trabalhado juntas. (Arendt, 1972, p. 239-240)[6]

* * *

O ensaio "O declínio do sentido público da educação" dialoga com um texto de Claude Lefort, "Formação e autoridade: a educação humanista", no qual chama a atenção uma passagem transcrita por José Sérgio (p. 74): "nunca antes se falou tanto das necessidades sociais da educação [...] os poderes públicos nunca antes com ela se preocuparam tanto", mas o que "há de mais notável [...] é que a ideia ético-política de educação se esvaiu".

Lefort se refere ao que aconteceu em países europeus nos anos de 1970, no auge da teoria do capital humano, que identificou a educação como o terceiro fator da produtividade capitalista e deu impulso ao tecnicismo nas reformas do ensino. Pois bem, mais de quatro décadas depois, o mesmo acontece hoje no discurso educacional brasileiro, como insistem em mostrar os ensaios de José Sérgio:

Possivelmente, nunca, na história da educação escolar, se falou, escreveu e pesquisou tanto sobre problemas da educação e da escolaridade como hoje. [...] Por outro lado, parece ter crescido quase na mesma intensidade nossa insatisfação com os resultados de nosso trabalho cotidiano nas escolas. [...] Nossos esforços para compreender melhor a natureza do trabalho docente e, eventualmente, melhorar nossa prática, ainda estão longe de produzir resultados satisfatórios. (p. 129)

Fica a pergunta: por que a presença tão forte desse discurso aqui e agora, já que os tempos são outros?

Vivemos em tempos sombrios em que o capital não tem mais pátria, está sempre onde a mão de obra é mais barata e se pode explorar o trabalho infantil; são tempos sombrios de desemprego estrutural e de crescimento do contingente mundial de pessoas cujo trabalho se tornou desnecessário; são tempos sombrios de ascensão do relativismo ético, de individualismo atroz, de frieza ante o sofrimento alheio transformado em espetáculo, de vidas guiadas pela autorreferência que preencheu o espaço deixado pelo declínio da política. Prova disso é a presença de termos como "autoajuda", "autoestima" e "autopromoção" em todos os espaços sociais: na propaganda, na política, na imprensa, nas salas de aula, nos livros mais vendidos, nas conversas entre amigos e até mesmo em escritos de pedagogos e psicólogos. Termos que remetem à vida reduzida à esfera privada, de defesa de interesses próprios – a *idiotés*, palavra que "para os gregos, refere aquele que só cuida de si ou do que é exclusivamente seu", como nos esclarece o autor em "O declínio do sentido público da educação" (p. 77). Idiotia que invade todos os espaços sociais na atualidade, inclusive as instituições formadoras calcadas em princípios tecnicistas ou em conceitos enganosos de liberdade, seja de professores, seja de alunos, e que reduzem o que chamam de formação à "arte de reduzir cabeças".[7]

Por que nunca se falou tanto em educação em um momento econômico que, na verdade, dispensa a escola como formadora de mão de obra e em que a política educacional não oferece condições de formação e de trabalho aos professores que façam da escola instituição social formadora de cidadãos comprometidos com os direitos humanos? Prova contundente disso são os resultados do estudo realizado pelo Núcleo de Estudos da Violência da Universidade de São Paulo sobre os Direitos Humanos no Brasil, especialmente os relatórios da pesquisa sobre a situação dos Direitos Humanos em instituições públicas de ensino fundamental e médio brasileiras e que encontrou a violência instalada no coração das escolas.

Por que, nessa conjuntura, governantes e seus auxiliares falam tanto em educação? Como retórica que constrói uma fachada democrática? Como maquiagem grotesca do desemprego estrutural? Como produção de estatísticas educacionais edificantes para uso interno e externo? Ou, o que é ainda pior, como desvirtuamento da função social da escola, reduzindo-a a instituição que retira crianças e jovens das ruas para supostamente diminuir a criminalidade, em uma retomada do *slogan* "Escolas cheias, cadeias vazias" em voga entre educadores brasileiros quando o País se urbanizava e se industrializava, na primeira metade do século XX, e que recentemente voltou à cena política? Ou, na melhor das hipóteses, ainda que pouco provável, como vontade sincera de construção de uma Escola formadora de Sujeitos, mas absolutamente equivocada na escolha dos caminhos, como mostram com clareza, propriedade e empenho político os textos que compõem *Reflexões sobre educação, formação e esfera pública*?

* * *

Qualquer que seja a resposta, é exatamente por causa desse estado de coisas, e não apesar dele, que as reflexões trazidas por José Sérgio Carvalho são imprescindíveis. Elas dissecam os males da política educacional brasileira e propõem um antídoto que tem como princípio ativo da educação escolar a atitude de estranhamento e indagação diante do mundo, orientada por princípios e valores positivos, única saída para o resgate da educação escolar como formação de novas gerações comprometidas com a vida pública como construção humana. Se "a educação é o ponto em que decidimos se amamos o mundo o bastante para assumirmos a responsabilidade por ele e, com tal gesto, salvá-lo da ruína que seria inevitável não fosse a renovação e a vinda dos novos e dos jovens", os textos que se seguem foram escritos por um verdadeiro professor, pois são uma declaração de amor ao mundo e de responsabilidade por ele.

Maria Helena S. Patto
Docente do Instituto de Psicologia da Universidade de São Paulo (USP)

NOTAS E REFERÊNCIAS

1 Chauí, Marilena de S. *Convite à Filosofia*. 5. ed. São Paulo: Ática, 1995, p. 12.
2 Lefort, C. Formação e autoridade: a educação humanista. In: *Desafios da escrita política*. São Paulo: Discurso, 1999, p. 218-219.
3 É preciso assinalar que as exceções correm por conta de um trabalho em direção contrária que se faz em unidades escolares habitadas por professores e administradores cientes da dimensão política de sua profissão e do caráter público da educação escolar.
4 Heller, A. *O cotidiano e a história*. Rio de Janeiro: Paz e Terra, 1972, p. 78.
5 Benjamin, W. *Reflexões sobre a criança, o brinquedo e a educação*. 2. ed. São Paulo: Duas Cidades/Editora 34, 2009, p. 11-19.
6 Arendt, H. *Entre o passado e o futuro*. São Paulo: Perspectiva, 1972, p. 239-240.
7 Expressão usada por Dufour, D.R. *A arte de reduzir cabeças*. Rio de Janeiro: Companhia de Freud, 2005.

Prefácio

Os ensaios que integram esta obra foram escritos – e reescritos – entre os anos de 1998 e 2010, a partir de demandas e motivações bastante heterogêneas. Alguns se vinculam diretamente às minhas atividades acadêmicas como professor de filosofia da educação: são artigos apresentados em encontros de pesquisadores da área de educação ou escritos para integrar livros temáticos e edições especiais de revistas e periódicos. Outros foram, pelo menos em sua versão inicial, preparados para apresentação e discussão com professores da rede pública de ensino, notadamente nos cursos de formação continuada que coordenei entre os anos de 2000 e 2008, e cuja experiência é, ela própria, objeto de um capítulo deste livro. Procurei neles imprimir um *ponto de vista pedagógico* a partir de uma *perspectiva filosófica*, sem a pretensão de que venham a constituir uma obra de filosofia da educação.

Os temas abordados abrangem um amplo espectro de preocupações: dos conflitos nas relações entre teorias educacionais e práticas pedagógicas à análise de *slogans* educacionais; dos debates acerca das diretrizes curriculares nacionais para o ensino médio à crise da cultura letrada. O que justificaria, pois, a reunião desses artigos produzidos em tão amplo intervalo de tempo e com questões que, a princípio, parecem ser de natureza tão diversa?

Um primeiro elemento comum entre eles é a preocupação em *pensar* a educação a partir de seus vínculos com a *esfera pública*. Isso implica concebê-la como um ato de *responsabilidade política*, já que, mais do que o simples desenvolvimento de um indivíduo – ou das forças produtivas de um país –, o que está em jogo é a escolha de uma forma de se relacionar com a cultura e com as novas gerações, com o passado e com seus diferentes legados; uma forma de atribuir um sentido ao presente e de se responsabilizar pelo futuro. Daí a necessidade de romper com toda sorte de reducionismos que têm marcado os discursos educacionais contemporâneos.

Por vezes, esse reducionismo tem origem no vezo psicologizante de se proporem perspectivas pedagógicas e procedimentos didáticos a partir de teorias do desenvolvimento psicogenético, como se os dilemas culturais, éticos e políticos da ação educativa fossem mero pano de fundo para um curso natural e universal de desenvolvimento infantil. Noutras, o reducionismo resulta da adoção de uma visão tecnocrática e economicista, cuja lógica discursiva procura substituir o ideal de uma *formação educacional* pelo cultivo de saberes e "competências" supostamente necessários ao êxito econômico individual ou social. E, ao assim fazer, despoja-se a experiência escolar de qualquer sentido existencial ou político, sem sequer nela imprimir a alegada relevância econômico-produtiva. Por último, em diversas ocasiões, procuro analisar criticamente o uso recorrente de um jargão pedagógico eivado de *slogans* e frases feitas que, adotados irrefletidamente, têm resultado na anemia semântica dos discursos educacionais e aprofundado o abismo entre estes e a cultura do trabalho docente em instituições escolares.

Um segundo ponto a ligar os diversos ensaios é a ênfase na dimensão cultural da experiência escolar. Isso implica, por um lado, reconhecer e ressaltar as peculiaridades da cultura das instituições escolares: a especificidade de suas práticas, de seus princípios éticos e políticos, de seus condicionantes históricos. Por outro, pensar a educação escolar não como um "meio" para fins que lhe são exteriores – como o desenvolvimento econômico –, mas como uma operação cultural dotada de sentido próprio: a iniciação de jovens e crianças em determinados aspectos de um legado cultural comum e público cuja apropriação, fruição e renovação requerem um complexo processo formativo. E é em diálogo com esse legado que um indivíduo pode chegar a se constituir como *sujeito*: como alguém capaz de, ao mesmo tempo, pertencer a uma comunidade cultural e dela se distanciar criticamente; alguém capaz de deitar raízes em um passado compartilhado, mas manter viva a faculdade humana de romper com suas amarras e *criar o novo*.

José Sérgio Carvalho

A liberdade educa ou a educação liberta?*
Uma crítica às pedagogias da autonomia à luz do pensamento de Hannah Arendt

1

> *Liberdade, essa palavra que o sonho humano alimenta, que não há ninguém que explique e ninguém que não entenda...*
>
> Cecília Meireles

INTRODUÇÃO

Há alguns anos, a revista mensal *Caros Amigos*, de política e cultura, me sugeriu como objeto de reflexão o dilema: *a liberdade educa ou a educação liberta*? Na ocasião, senti-me premido pelo espaço e pelo tempo concedidos, mas desafiado pela ideia de examinar um fenômeno intrigante e paradoxal: ao longo do século XX, pensadores com interesses e perspectivas teóricas radicalmente diferentes parecem ter convergido em um ponto – vincularam substancialmente o sentido da ação educativa ao cultivo de um compromisso com a liberdade. Seria a análise do dilema proposto um caminho interessante para deslindar divergências e confrontar tendências entre o aparente – ou verbal – consenso?

Retomo, então, o dilema, menos com a expectativa de apresentar uma resposta direta do que para, a partir dele, estabelecer algumas das bases sobre as quais repousam o consenso aparente e o dissenso latente de diferentes visões sobre a relação entre ação educativa e liberdade. Convém ressaltar desde logo que o equacionamento da questão exige novas perguntas: de que noção de liberdade se trata? À corrente entre os antigos, concebida como um *status* político, segundo a qual o "homem li-

---
* Uma versão inicial deste texto foi publicada em: CARVALHO, J. S. F. A liberdade educa ou a educação liberta? Uma crítica das pedagogias da autonomia à luz do pensamento de Hannah Arendt. *Educação e Pesquisa*, v. 36, n. 3, p. 839-851, 2010.

vre" é aquele dotado dos direitos da cidadania? Ou à dos modernos, inicialmente centrada no direito dos indivíduos às liberdades civis (de opinião, de credo religioso, etc.) e progressivamente estendida a outras esferas, segundo a qual o indivíduo livre é aquele capaz de fazer escolhas próprias a partir de sua consciência e de seu livre-arbítrio? Ou, ainda, à liberdade como vivência escolar, como sugerem os discursos das pedagogias não diretivas em suas críticas às "escolas tradicionais"? E, ainda, de que noções de educação e práticas educativas estamos falando?

Essas breves considerações já indicam um dos problemas fundamentais desse tipo de discussão: "liberdade" – como também "educação" – é um termo polissêmico, dotado de alguma sacralidade e impregnado de paixões teóricas e políticas, o que o torna objeto de inevitáveis disputas conceituais. No entanto, os discursos educacionais sobre as conexões entre formação escolar e liberdade raramente se ocupam de elucidar, dentro de um quadro relativamente claro de ideias ou perspectivas, os sentidos atribuídos aos termos em questão ou às disputas teóricas e programáticas que ensejam. Não se trata de cair na tentação do que Passmore chamou de *falácia socrática* – a crença de que uma discussão proveitosa sobre um tema exige definições prévias e exaustivas de seus conceitos fundamentais – mas simplesmente de reconhecer que a enunciação de um compromisso com a liberdade – ou a denúncia da falta dele – tem sido proclamada como se os objetos em tela fossem evidentes e livres de ambiguidades, como se as disputas não envolvessem os próprios conceitos em torno dos quais se apresenta a controvérsia.

É importante, contudo, ressaltar que não se trata de uma ambiguidade essencial do termo "liberdade", mas de uma variedade de possíveis significações e conceitos alternativos que ele assume em discursos políticos e educacionais. Assim, se um prisioneiro diz que "almeja a liberdade", o termo tem um sentido claro e dá pouca margem a ambiguidades: trata-se de se livrar da restrição imposta pelo cárcere, por exemplo. No entanto, em discursos políticos, o termo "liberdade" pode ligar-se a concepções e acepções bem diferentes e mesmo conflitantes ou alternativas. Não seria de estranhar que um discurso em favor da "liberdade" visasse à "liberdade" de escolha de uma confissão religiosa, ou à "liberdade" de iniciativa econômica, ou à "libertação" de condições de vida materialmente opressivas, ou à "liberdade" de escolha do consumidor. Nos discursos educacionais, a variabilidade – em geral irreconciliável – de acepções não é menor, e as distinções não se limitam a diferentes aspectos de um mesmo núcleo essencial: antes, espelham disputas e controvérsias teóricas e práticas e constituem o que Scheffler chama de *definições programáticas*, já que sua enunciação não tem caráter exclusivo ou preponderantemente elucidativo, mas também – e sobretudo – propósitos persuasivos.

O recurso a uma *definição programática* – ou *conceituação persuasiva* – não visa à mera elucidação do uso corrente de um termo como, por exemplo, "vírus", mas sim propor uma acepção que, mesmo não violando abertamente seu uso corrente, sugira um significado fundamental impregnado de valores, em geral comprometido com a transformação ou com a justificação de práticas sociais. Daí seu caráter *programático* ou *persuasivo*.

Pense, por exemplo, na disputa – marcante na segunda metade do século XX – envolvendo o conceito de democracia. De um lado, se associava imediata e essencialmente ao liberalismo político e ao pluripartidarismo; de outro, à igualdade de acesso a direitos sociais e à elevação das condições de vida da classe trabalhadora. O cerne da disputa entre concepções alternativas não era apenas a elucidação teórica, mas precisamente a justificativa ou, inversamente, a transformação de *práticas sociais* a partir da veiculação ou do uso de um conceito que, assim, ganhava um caráter *programático* ou *persuasivo*.

Em discursos educacionais, o ideal de uma "formação para a cidadania" parece ser hoje um dos casos mais emblemáticos dessa luta pela aceitação e legitimidade de um dentre vários conceitos alternativos que têm não só um interesse teórico, mas um propósito prático. Sob uma mesma fórmula verbal – a educação para a cidadania –, propõem-se desde a doutrinação para a conformidade legal até uma radical crítica social, desde projetos ecológicos até a caridade ou o trabalho voluntário.

Por essa razão, muitas vezes, a aparente unanimidade na aceitação retórica de um ideal ou objetivo educacional – como este sobre o qual refletimos – pode esconder profundas divergências que só virão à tona se se explicitarem as concepções e as práticas alternativas que as perspectivas teóricas e os programas de ação em disputa identificam como formas de realização histórica do ideal proclamado. Em texto publicado na década de 1980, analisando a adesão unânime ao ideal de "democratização do ensino", Azanha (1982, p. 26) ressalta que:

> [...] é a unanimidade na superfície e a divergência profunda acerca do significado de "democracia" que torna muito difícil o esclarecimento da noção derivada de "ensino democrático" [pois] não é a profissão de fé democrática que divide os educadores brasileiros [...] [mas] é nos esforços de realização histórica desse ideal que as raízes das posições e das divergências se revelam.

O mesmo se passa com expressões que parecem gozar de uma aparente unanimidade no plano da retórica educacional contemporânea. A título de ilustração, pensemos nas implicações da expressão "educação de qualidade" (Carvalho, 2004b).[1]

Também nesse caso, trata-se de uma reivindicação aparentemente unânime, pela qual os mais diversos segmentos sociais no Brasil têm se manifestado há décadas. Mesmo ignorando a variação histórica e atendo-nos a alguns agentes e instituições sociais contemporâneos, é pouco provável que, por exemplo, a Fiesp e a CUT, o Estado e a família, os professores e os responsáveis por políticas públicas tenham, todos, as mesmas expectativas quanto ao que poderia ser uma "educação de qualidade". Algo análogo poderia ser dito sobre o que nos leva a adjetivar a ação educativa como "de qualidade", ou seja, com quais práticas e resultados identificamos sua presença em uma instituição e não em outra.

Para uns, a "educação de qualidade" deve resultar na aquisição de diferentes informações e "competências" que capacitarão os alunos a se tornarem trabalhadores diligentes; para outros, líderes sindicais contestadores, cidadãos solidários ou empreendedores de êxito, pessoas letradas ou consumidores conscientes. Ora, é evidente que, embora algumas dessas expectativas sejam compatíveis entre si, outras são alternativas ou conflitantes, pois a prioridade dada a um aspecto pode dificultar ou inviabilizar outro. Uma escola que tenha como objetivo maior – e, portanto, como critério máximo de qualidade – a aprovação no vestibular pode buscar a criação de classes homogêneas e alunos competitivos, o que dificulta a oportunidade de convivência com a diferença e reduz a possibilidade de se cultivar o espírito de solidariedade. Assim, as "competências" que definem "qualidade" em uma proposta educacional podem significar fracasso – ou baixa qualidade – em outra.

Por outro lado, para certas correntes de pensamento, a própria ideia de que uma escola de "qualidade" deva ater-se ao desenvolvimento de "competências" ou "capacidades" pode comprometer o ideal educativo, já que, em seu uso comum, nenhum desses termos – "competência" e "capacidade" – revela um necessário compromisso ético para além da eficácia. Platão, por exemplo, argumenta nesse sentido em seu diálogo *Górgias*: um orador "competente" pode usar sua capacidade para persuadir uma comunidade a aceitar tanto uma "lei justa" como uma "lei injusta". Assim, a competência se mede pela eficácia dos resultados, mas o mesmo não vale para o cultivo de um princípio ético. Pode-se dizer que alguém é um "orador competente", mas usa sua competência para o "mal";

embora não tenha sentido afirmar que alguém é "justo" para o mal, pois seria injusto. Assim, a ação educativa de "qualidade" é, para Platão, essencialmente de natureza política e ética, e não apenas eficaz no desenvolvimento de "competências" ou "capacidades".

Embora sumária, essa análise ilustra o tipo de dificuldade e a variedade de perspectivas que se apresentam quando o foco da reflexão é uma ação educativa que tenha como ideal o cultivo de princípios éticos e políticos, como é o caso da noção de "liberdade".

O CARÁTER PROGRAMÁTICO DO CONCEITO DE LIBERDADE: H. ARENDT E B. CONSTANT

Tomemos, novamente a título de exemplo, a pergunta: Sócrates era um homem livre? Um grego que lhe fosse contemporâneo responderia, sem hesitar, que sim. Era um cidadão ateniense, com direito a voz e voto nas assembleias, podia participar da vida pública, exercia na praça pública – na *ágora* – e nos *ginásios* sua liberdade, como seus concidadãos. Era livre porque era cidadão de uma *polis* livre.

Comentando essa concepção de liberdade – uma potencialidade da vida política –, Arendt (1978, p. 194) afirma que, para os antigos:

> Antes que se tornasse um atributo do pensamento ou uma qualidade da vontade, a liberdade era entendida como o estado do homem livre, que o capacitava a se mover, a se afastar de casa, a sair para o mundo e a se encontrar com outras pessoas em palavras e ações. Essa liberdade, é claro, era precedida da liberação: para ser livre, o homem deve ter se liberado das necessidades da vida. O estado de liberdade, porém, não se seguia automaticamente ao ato de liberação. *A liberdade necessitava*, além da mera liberação, *da companhia de outros homens que estivessem no mesmo estado*, e também de *um espaço público comum* para encontrá-los – *um mundo politicamente organizado*, em outras palavras, no qual cada homem livre poderia inserir-se por palavras e feitos. (grifos nossos)

Claro está que, ao recorrer à experiência política das *poleis* democráticas para elucidar o sentido da noção de liberdade como atributo da vida pública, Arendt não está interessada exclusiva ou preponderantemente na apresentação de um dado histórico. Trata-se de, por meio da análise de um momento histórico, ressaltar uma dimensão do conceito de liberdade que foi obliterada a partir da emergência das noções estoica e depois cristã de "liberdade interior". Em ambas, em que pesem outras importantes diferenças, concebe-se a "liberdade" como faculdade de escolha de um indivíduo, por exemplo, em face de uma contingência da vida ou de um dilema ético. Logo, a liberdade migra do âmbito da ação política, na esfera pública, para o do interior da alma humana. Sua experiência deixa de ser ligada ao poder de homens que agem em concerto, para se referir a uma característica do tipo de relação que se estabelece entre um indivíduo e sua *consciência* ou sua *vontade*.

Ao desvelar o processo de *interiorização* da liberdade, Arendt reafirma sua preocupação com a dignidade da *ação política*, na medida em que esta potencializa a liberdade como faculdade humana de fazer emergir algo inesperado, de romper com processos históricos automáticos cristalizados em uma ordem política e social herdada para criar o *novo*, para começar algo imprevisto e imprevisível:

> Fluindo na direção da morte, a vida do homem arrastaria consigo, inevitavelmente, todas as coisas humanas para a ruína e a destruição, se não fosse a faculdade humana de interrompê-las e *iniciar algo novo*, faculdade inerente à ação como perene advertência de que os homens, embora devam morrer, não nascem para morrer, mas para começar. (Arendt, 1995, p. 258, grifo nosso)

Assim, ontologicamente radicada no homem como faculdade, a liberdade se manifesta como *fenômeno tangível e público* na *ação* que, ao romper com o passado, cria *o novo*, dá à luz algo que não se reduz a uma consequência necessária desse passado nem à atualização de uma potencialidade previamente vislumbrada, mas que, como um *milagre*, interrompe um processo automático de forma inesperada. Há, pois, um inegável sentido programático na distinção proposta por Arendt entre liberdade *como condição política* e como *autonomia da consciência* ou *da vontade*, ainda que tal distinção não vise a uma orientação prática imediata de nenhuma espécie.[2]

E não é menos potencialmente *programática* ou *persuasiva* a clássica concepção da "liberdade dos modernos" tal como a propõe Benjamin Constant (1985), ao contrastá-la com a dos antigos:

> [...] O que em nossos dias um inglês, um francês, um habitante dos Estados Unidos da América entendem pela palavra liberdade? [...] É para cada um o direito de não se submeter senão às leis, de não poder ser preso, nem detido, nem condenado, nem maltratado de nenhuma maneira pelo efeito da vontade arbitrária de um ou de vários indivíduos. É para

cada um o *direito de dizer sua opinião*, de *escolher* seu trabalho e de exercê-lo; de dispor de sua propriedade, até de abusar dela; de ir e vir, sem necessitar de permissão e sem ter de prestar contas de seus motivos ou de seus passos. É para cada um o direito de se reunir a outros indivíduos, seja para discutir sobre seus interesses, seja para professar o culto que ele e seus associados preferirem, seja simplesmente para preencher seus dias e suas horas de maneira mais condizente com suas inclinações, com suas fantasias.

Ora, é evidente que, da perspectiva desse conceito de liberdade, a resposta à pergunta anterior – Sócrates era um homem livre? – seria necessariamente outra. Poder-se-ia objetar que, apesar de cidadão de uma *polis*, Sócrates não tinha o direito de exercer livremente sua crítica, já que ela o levou à condenação e à morte, em um claro constrangimento à liberdade de consciência, de escolha e de expressão individual. Ao contrário da noção anterior, pela qual a realização da liberdade exige a *ação política* e, portanto, o encontro entre pares em um espaço comum que comporte a pluralidade dos homens, a concepção apresentada por Constant é a da liberdade do indivíduo. De acordo com ela, a liberdade se identifica antes com a garantia de limites de interferência nas escolhas individuais do que com o poder de ação conjunta. Trata-se de uma liberdade *em relação ao outro*, enquanto a dos antigos é concebida como a capacidade de ruptura *em relação ao passado*, decorrente da autonomia política dos cidadãos. Por isso, muitas vezes, a concepção moderna que identifica a liberdade com os direitos civis tem sido definida como uma *liberdade negativa*, pois se realiza por meio das garantias de não interferência do Estado em âmbitos fundamentais da vida de um indivíduo. Como destaca Berlin (2002, p. 262):

> [...] a defesa da liberdade consiste na meta negativa de *evitar a interferência* [...]. Essa é a liberdade como foi concebida pelos liberais no mundo moderno desde Erasmo aos nossos dias. Toda reivindicação de liberdades civis e direitos individuais, todo protesto contra a exploração e a humilhação, contra o abuso da autoridade pública ou a hipnose de massa do costume ou da propaganda organizada nasce dessa concepção individualista e muito controvertida acerca do homem. (grifo nosso)

É importante frisar que não se trata da mera substituição histórica de um conceito por outro, tido como mais adequado, como no caso do conceito de movimento na física moderna e na aristotélica. Tampouco de duas concepções que, por incidirem sobre aspectos diferentes da experiência de liberdade, podem ser somadas e harmonizadas sem grandes conflitos. Embora não sejam logicamente incompatíveis, essas concepções de liberdade – como atributo da vida política ou conjunto de liberdades individuais e direitos civis – representam, historicamente, perspectivas alternativas engendradas por modos de vida distintos e alimentadas por princípios muitas vezes conflitantes.

É evidente que a dicotomia apresentada não esgota a diversidade de perspectivas sobre o tema. Ela busca tão somente ilustrar o caráter persuasivo que costuma impregnar o conceito de liberdade em discursos políticos, já que, para além da elucidação de um sentido, sua elaboração conceitual se vincula a princípios capazes de inspirar ações e transformar práticas. Assim, a elucidação das divergências implica uma avaliação dupla, que considere tanto as delimitações teóricas quanto as práticas historicamente associadas a cada uma das perspectivas em disputa.

LIBERDADE COMO PRÁTICA PEDAGÓGICA: O DISCURSO DAS PEDAGOGIAS DA AUTONOMIA

Se voltarmos aos discursos educacionais que proclamam como objetivo a vinculação entre educação e liberdade, a necessidade dessa dupla avaliação fica patente. *Grosso modo* – e para nossos propósitos – poderíamos classificar tais discursos em duas grandes tendências que, embora não necessariamente derivadas das concepções de liberdade apresentadas acima, têm relação direta com elas.

A primeira tendência é formada por uma ampla variedade de correntes pedagógicas e teorias educacionais que gozam de grande prestígio entre educadores brasileiros e nas quais a ideia de uma "educação libertadora" parece se apoiar, de maneira mais ou menos intensa, no exercício da autonomia individual do aluno. Aproximam-se, assim, da noção negativa e moderna de liberdade e, nelas, o compromisso da educação com a "liberdade" se cumpre na medida em que as práticas pedagógicas evitam interferências exteriores ao sujeito, alheias a sua cultura ou mesmo inadequadas às supostas características de sua faixa etária. Daí, por exemplo, a frequente substituição do termo "professor" por "mediador" ou "facilitador da aprendizagem", signo da recusa da noção de "ensino" em favor de uma alegada "aprendizagem não diretiva" e da valorização de uma suposta "cultura infantil". Em um exemplo tão simples quanto frisante da transposição para o campo pedagógico de uma noção de liberdade negativa, A. S. Neil (1978, p. 160), um dos grandes expoentes dessa tendência pedagógica, afirma que:

> A liberdade, numa escola, é simplesmente fazer o que se gosta de fazer, desde que não estrague a paz dos outros, e na prática isso funciona maravilhosamente bem. É relativamente fácil ter essa espécie de liberdade, em especial quando ela é acompanhada de autogoverno por toda comunidade, e se é livre de qualquer tentativa adulta para guiar, sugerir, deitar regras, quando se é livre de qualquer medo dos adultos.

Tratar a *afirmação e a promoção da autodeterminação e do autogoverno dos destinatários da educação* como signos de liberdade parece ser o traço comum entre as diversas perspectivas educacionais que Barbosa agrupa sob a denominação de *pedagogias da autonomia* (2008). Aí poderíamos incluir pensadores tão diferentes quanto John Dewey e Jean Piaget, Paulo Freire e Anísio Teixeira, cujas obras, a partir de diferentes fundamentos e interesses teóricos, ressaltam a importância de os processos educacionais e os procedimentos pedagógicos considerarem o "objeto" da ação educativa como um *sujeito*, alguém apto a intervir ativamente na configuração de seu conhecimento e de seu destino pessoal.

Daí a insistência, igualmente comum, de que as práticas escolares sejam organizadas de forma a minimizar a interferência exterior às crianças e a estimular sua livre escolha. Nessa perspectiva, o elo entre educação e liberdade se manifesta pelo cultivo de vivências escolares nas quais os alunos são alegadamente concebidos como protagonistas do ato educativo: assembleias que determinam regras de convivência, escolha de percursos formativos a partir de seus interesses e outras medidas análogas que visariam reduzir ou eliminar o caráter rígido de um processo de escolarização fundado em modelos centrados no "mundo adulto" ou em um "currículo tradicional" e fomentar a autonomia individual.

Em que pese a ampla adesão retórica a essa forma de se conceberem os vínculos entre a formação escolar e o cultivo da liberdade, algumas de suas consequências no campo das práticas pedagógicas têm sido objeto de críticas não desprezíveis. Dentre elas, a de que, fundadas na noção de infância característica de segmentos econômica e culturalmente privilegiados, as pedagogias da autonomia acabam por inspirar modelos que tendem a valorizar atitudes típicas de crianças oriundas desse *ethos* social – fundado na centralidade da criança no ambiente familiar – em detrimento de experiências de socialização diferentes e mais comuns entre crianças de classes populares. De modo análogo, o caráter relativamente secundário nelas atribuído aos conhecimentos escolares, até então tidos como clássicos, parece oferecer menos problemas à formação das crianças cujos pais têm alto grau de escolaridade do que àquelas que são praticamente a primeira geração da família com acesso à cultura letrada.

Por outro lado, uma crítica menos frequente – mas mais relevante para essa análise – é o fato de que, nas pedagogias da autonomia, a noção de liberdade perde sua conotação de fenômeno tangível e público, de natureza política, para se transformar em traço de personalidade passível de ser fomentado a partir de vivências pedagogicamente organizadas. Nessa perspectiva, o ideal de uma formação educacional comprometida com a liberdade parece estar associado a estratégias pedagógicas para o desenvolvimento de capacidades ou competências individuais, em geral de natureza psicológica e cognitiva. Daí sua identificação tão recorrente com a vaga retórica da formação de um aluno "crítico" ou "reflexivo", supostamente resultante das vivências pedagógicas orientadas para esse fim.

É interessante ainda notar que a vinculação entre educação e liberdade na perspectiva de uma pedagogia da autonomia do educando ganhou grande destaque, no caso brasileiro, na vigência da ditadura militar, momento em que a liberdade política desapareceu do *espaço comum*. Também no caso dos estoicos, a emergência de uma concepção de liberdade ligada à vida interior e à alma humana é precedida pela dissolução da democracia e da autonomia da *polis*. Em ambos os casos, portanto, a liberdade passa a ser concebida como "autonomia da vontade", ligada ao indivíduo, ao mesmo tempo em que se assiste ao enfraquecimento – ou ao desaparecimento – da liberdade como desígnio da ação política.

Talvez pudéssemos arriscar, a título de hipótese, que a presente revalorização do ideário das pedagogias da autonomia tampouco deva ser dissociada do atual processo de desqualificação da política. Já não se trata do embate contra forças tirânicas ou totalitárias, mas antes do enfraquecimento da política em face da naturalização da administração da sociedade, como se esta se reduzisse a um grande organismo econômico e produtivo. Daí a compatibilidade e a coincidência entre os discursos que pregam a autonomia pessoal, a responsabilização individual e o compromisso da educação com o desenvolvimento, no indivíduo, de "competências" supostamente necessárias para um futuro mercado de trabalho.[3] Desse modo, imputa-se ao que sempre foi considerado o centro das disputas e deliberações de políticas educacionais – currículo, objetivos, avaliação –, o caráter de um curso necessário, imposto ao presente por supostas demandas do desenvolvimento tecnológico e do progresso econômico. Como destaca Franklin L. e Silva (2001, p. 249):

> É nessa naturalização que se oculta a política de despolitização, isto é, a hegemonia da tecnoburocracia, uma estratégia política que usa a máscara da objetividade técnica para esconder aquilo que se sabe desde a *polis* grega: que a política é fruto de deliberação humana, e não de causas naturais. [...] A obsessão de antecipar tecnicamente o futuro na gestão tecnocrática do social, como se a sociedade fosse uma grande corporação que se insere no futuro por via de uma planificação eficaz, manifesta o propósito de desvalorizar o presente e suas tensões como o lugar em que os homens deveriam deliberar sobre o futuro, atuando politicamente no sentido mais profundo e originário do termo, isto é, compartilhando a palavra e fazendo da palavra política a expressão da responsabilidade inerente à ação histórica.

Assim, em que pese a efetiva contribuição das pedagogias da autonomia ao debate educacional no que tange à importância da consideração das diferenças culturais e individuais dos alunos e a seu caráter de "sujeitos" no processo educativo, parte significativa dessa modalidade de discurso se apoia no ideal de liberdade como atributo da vontade e da consciência individual, e não como razão de ser da vida política. Ao – eventualmente – evocar o caráter político da liberdade, as pedagogias da autonomia o fazem como se este resultasse da somatória de vontades livres individuais, como se a liberdade como fenômeno político resultasse da mera reunião de indivíduos livres e autônomos, frutos da exposição a procedimentos pedagogicamente planejados para esse fim. Daí seu frequente recurso à criação de um simulacro pedagógico de república, como se a vida escolar pudesse reproduzir e ensinar aspectos de uma forma de vida cujo vigor parece se esvair na esfera pública contemporânea.

LIBERDADE E EDUCAÇÃO COMO RESPONSABILIDADE POLÍTICA PELO CURSO DO MUNDO

Em uma perspectiva bastante crítica às concepções veiculadas pelas "pedagogias da autonomia", pensadores como Arendt e Azanha sustentam que o vínculo entre formação educacional e liberdade reside menos no tipo de relação pedagógica que se trava no interior da escola do que na natureza do compromisso desta com o mundo público e com a ação política. Para Arendt (1978, p. 238), que tomaremos como paradigma dessa vertente, é deletéria a tentativa de transformar a escola em um simulacro de vida pública, uma vez que ela "não é de modo algum o mundo, nem deve fingir sê-lo". A complexidade do mundo público e os conflitos que o marcam não são reprodutíveis no âmbito escolar e, se o fossem em sua plenitude, a escola já não teria sentido, já que ela é precisamente "a instituição que interpomos entre o domínio privado do lar e o mundo com o fito de facilitar a transição da família para o mundo" (1978, p. 238). É nesse preciso sentido que Arendt, em uma definição que suscita polêmica, classifica as relações pedagógicas como *pré-políticas*.

Isso não implica sua adesão a uma ideia ingênua de que a escola estaria acima das disputas políticas, por exemplo, no que concerne a suas decisões sobre temas de interesse público, como a extensão do direito de acesso ao ensino, as escolhas curriculares e até mesmo os objetivos expressos no projeto pedagógico de uma unidade escolar. Ela visa simplesmente distinguir a natureza das relações que se estabelecem entre cidadãos na esfera pública das que regulam as interações entre professores e alunos no ambiente escolar. Transpor, de forma imediata e acrítica, os princípios que regem um âmbito para o outro pode ser, no mínimo, temerário.

O princípio da igualdade, por exemplo, é fundamento da noção de cidadania, tanto na tradição clássica como no pensamento político moderno, em que pesem as diferenças entre o que se concebe como igualdade em cada caso.[4] Ora, a relação pedagógica supõe como princípio uma diferença que se traduz em uma hierarquia institucional, ainda que necessariamente temporária. Essa diferença hierarquizada não deriva fundamental ou exclusivamente de uma suposta posse de certos conhecimentos especializados por parte do professor, ainda que esse aspecto tenha um peso na complexidade dessa relação. Seu fundamento último repousa, antes, na *responsabilidade* que os educadores assumem pela apresentação, conservação e busca de um compromisso com a renovação de um *mundo comum*,[5] do qual são representantes institucionais em face de seus alunos, seres novos nesse mundo.

Isso porque, do ponto de vista político, uma relação entre adultos e crianças é uma relação entre os que são novos no mundo e aqueles que já o habitam, que o constituem política e historicamente e por ele respondem. Daí a incontornável *responsabilidade* do educador pelo legado histórico-cultural no qual é seu dever iniciar os jovens para que eles possam, futuramente, assumir a dupla e paradoxal responsabilidade de conservá-lo e renová-lo. É desse compromisso político e educacional que deriva a advertência de Arendt (1978, p. 239): "qualquer pessoa que se recuse a assumir a responsabilidade coletiva pelo mundo não deveria ter crianças, e é preciso proibi-la de tomar parte em sua educação".

Nessa perspectiva, compete aos educadores iniciarem os novos em uma herança de artefatos, crenças, instituições e linguagens que constituem *nosso mundo comum*, cuja durabilidade transcende a vida individual de cada um, tanto no passado como no futuro, e que compartilhamos "não só com aqueles que vivem conosco, mas também com aqueles que aqui estiveram antes e virão depois de nós" (Arendt, 1995, p. 65). Assim, a educação é a forma pela qual cada um de nós vem a *deitar raízes* neste mundo, ao qual chegamos como estrangeiros, mas com o qual podemos desenvolver laços de pertença e compromissos de renovação de modo a torná-lo *nosso mundo*.

Ora, é essa espécie de vínculo com o mundo que empresta a cada breve existência individual um lastro de profundidade histórica. Por isso a educação é concebida por Arendt (1978, p. 247) como "o ponto em que decidimos se amamos o mundo o bastante para assumir a responsabilidade por ele e, com tal gesto, salvá-lo da ruína que seria inevitável, não fosse a renovação e a vinda dos novos e dos jovens". Mas é também esse vínculo que faculta aos que são *novos no mundo* – as crianças – a oportunidade de "empreender alguma coisa nova e imprevista para nós" (ibidem), ou seja, que viabiliza a experiência da liberdade como *ação no mundo*.

Assim, se há, na visão de Arendt, um vínculo entre educação e liberdade, este não se traduz na proposição de práticas pedagógicas que fomentem a decisão e a escolha pessoal, mas em uma perspectiva de formação ético-política. Ele toma a forma de um compromisso, a um só tempo com o mundo que nos é legado e com as crianças que nele chegam e que dele farão o *seu* mundo. Para Arendt (1990, p. 224), "os homens não nascem livres, mas nascem para a liberdade, que, em sua dimensão de conquista política, só pode ser experimentada no espaço das ações livres e das palavras vivas dos homens", ou seja, na experiência compartilhada dos que assumem a responsabilidade política pelo curso do mundo.

É nessa precisa acepção de um compromisso para com o mundo que, creio, se pode falar de um *sentido político* da educação, em Arendt. Sua insistência em distinguir esses dois âmbitos – o da educação e o da política – não deve ser compreendida, portanto, como o estabelecimento de uma independência entre eles, mas simplesmente como uma *distinção relacional*. Esta, como destaca Duarte (2009), visa intensificar os "limites diferenciais" que, como um traço, "unem ao mesmo tempo em que separam", estabelecem um tipo de relação em que, à medida que um polo aumenta (o da igualdade, por exemplo), diminui o outro (o da autoridade). Ora, é somente se, pelo menos em termos conceituais, pudermos manter a distinção, que uma atividade não se *confunde* com a outra, tornando possível a relação, inviável em caso de *fusão*.

Assim, é exatamente em benefício do *novo* – do que é por natureza o imprevisível e o espontâneo, o inesperável no curso das relações entre os homens – que não se pode transformar a ação educativa na *fabricação* de um *amanhã utópico* preconcebido por uma geração para ser realizado por outra. Fazendo isso, nega-se às novas gerações "seu próprio papel futuro no organismo político, pois, do ponto de vista dos mais novos, o que quer que o mundo adulto possa propor de novo é necessariamente mais velho do que eles mesmos" (Arendt, 1978, p. 226).

Embora pouco presente no ideário pedagógico contemporâneo, essa perspectiva que vincula formação educacional e liberdade à vida pública tem uma longa história no pensamento político e educacional do qual este ideário, em alguma medida, se crê herdeiro. Em *Política*, Aristóteles (1997, p. 267) critica a educação ateniense de seu tempo e louva a dos lacedemônios por seus vínculos com os interesses públicos e não com as necessidades e os interesses privados:

> Como há um fim único para a cidade toda [o bem comum], é óbvio que a educação deve ser uma só e a mesma para todos, e que sua supervisão deve ser um encargo público e não privado à maneira de hoje (atualmente, cada homem supervisiona a educação de seus próprios filhos, ensinando-lhes em caráter privado qualquer ramo especial de conhecimento que lhe pareça conveniente). Ora, o que é comum a todos deve ser aprendido em comum. [...] É claro, portanto, que tem de haver uma legislação pertinente à educação e que ela deve ser um encargo público.

Assim, também em Aristóteles, a formação de *homens livres* deve resultar de uma educação comprometida com os princípios que regem o âmbito público da existência humana. Por isso ela se volta prioritariamente para o que temos em comum – *koinon* –, e não para interesses próprios ou conveniências particulares – *idion* –, que concernem à dimensão privada de nossa existência. Ora, o que os homens têm em comum é a própria *polis*: o espaço em que se movem e as histórias que compartilham, as instituições que os unem em suas singularidades e a possibilidade de deliberarem e responderem por seu destino. É, pois, nela que os homens afirmam, por seus atos e palavras, a liberdade como desígnio de uma existência *política*. São o pertencimento e a integração a essa modalidade de existência – o *bios politikós* – o que justifica uma formação (*Paideia*) para homens livres.

Evidentemente, a realização de um ideal formativo dessa magnitude exige esforços intensos e diversos. Não convém, pois, crer que ele venha a resultar da simples renovação e liberalização de procedimentos didático-metodológicos, nem mesmo florescer como consequência imediata de um novo tipo de relação pessoal entre professores e alunos, como parecem sugerir as pedagogias da autonomia. Não que esses aspectos sejam em si negligenciáveis. No caso da formação educacional, como na política, para Arendt, a escolha dos meios não é uma questão de mera eficácia técnica, uma vez que a *forma* pela qual se ensina e se aprende é, em si, *formativa*. No entanto, essas escolhas, bem como a dos aspectos específicos do legado cultural em que deverão ser iniciados os jovens e as crianças, não são problemas pedagógicos; são problemas políticos de primeira grandeza. Seu equacionamento exige a assunção da responsabilidade política pela conservação e renovação desse *mundo comum*. Por se tratar de uma herança comum e pública de linguagens, conhecimentos, valores e objetos materiais e simbólicos, ela não pode ser tratada como amarra que tolhe a autonomia dos novos. Ao contrário, seu cultivo é a condição da existência da liberdade como fenômeno público – e a tarefa da educação com que ela se compromete.

NOTAS

1 Essa questão é discutida também no capítulo "'Democratização do ensino' revisitado", que integra esta obra.
2 Destaque-se que o caráter *programático* ou *persuasivo* de uma definição ou de um conceito depende não de sua formulação, mas do contexto linguístico em que ocorre: a mesma formulação pode ter ora um papel programático, ora descritivo ou elucidativo.
3 Vejam-se, a título de exemplo, os relatórios de educação da OECD, disponíveis em: <http://www.oecd.org/dataoecd>. Acessado em 30 de janeiro de 2012.
4 Nesse sentido, basta ressaltar que a igualdade era concebida pelos antigos fundamentalmente como o igual direito à participação política – decorrente da *isonomia* e da *isegoria* entre os cidadãos – e não tinha conexão imediata, por exemplo, com a justiça social.
5 O termo "mundo" em Arendt não se confunde com o planeta Terra nem com as condições vitais em que a espécie humana se desenvolveu. Refere-se ao artifício humano, aos artefatos fabricados pelos homens cuja durabilidade fornece um "lar imortal para os mortais".

2 Cultura escolar e formação ética*

> *Reparai: [...] entre o semeador e o que semeia há muita diferença: [...] o semeador e o pregador é o nome; o que semeia e o que prega é a ação; e as ações são as que dão o ser ao pregador. Ter o nome de pregador, ou ser pregador de nome, não importa nada; as ações, a vida, o exemplo, as obras, são as que convertem o mundo. [...] Hoje pregam-se palavras e pensamentos, antigamente pregavam-se palavras e obras. Palavras sem obras são tiros sem balas; atroam, mas não ferem. O pregar que é falar faz-se com a boca; o pregar que é semear faz-se com a mão. Para falar ao vento, bastam palavras; para falar ao coração, são necessárias obras.*
>
> Pe. Antônio Vieira

O ideal de uma formação ética comprometida com o respeito a princípios éticos ligados à vida pública em uma sociedade democrática – as *virtudes públicas* – está entre as mais ambiciosas diretrizes da ação educativa escolar. A Lei nº 9.394/96, que estabelece as bases da educação nacional, lhe consagra lugar de destaque ao afirmar, logo em seu artigo 2º, que "a educação [...], inspirada nos princípios de liberdade e nos ideais de solidariedade humana, tem por finalidade o pleno desenvolvimento do educando [e] seu preparo para o exercício da cidadania" (Brasil, 1996).

Outros documentos voltados para a orientação de políticas públicas de educação, como as Diretrizes e os Parâmetros Curriculares Nacionais, fazem importantes referências à necessidade de concretização desse ideal na ação educativa. Mas não é só nos discursos jurídicos do Estado

---

* Palestra proferida na Faculdade de Filosofia da Universidade Federal de Goiás em agosto de 2010. Uma versão inicial destas reflexões foi publicada em: CARVALHO, J. S. F. Podem a ética e a cidadania ser ensinadas? *Pro-Posições*, v. 13, n. 3, p. 157-168, 2002.

ou nas políticas públicas dos diferentes níveis de governo que o ideal de uma formação para as virtudes da vida pública é exposto como diretriz fundamental. Propostas pedagógicas das mais diversas instituições escolares – públicas ou privadas –, livros didáticos e discursos difusos de professores e demais profissionais da educação fazem referências recorrentes a um alegado compromisso formativo com princípios éticos ligados à cidadania democrática. Até mesmo a mídia e os pais parecem insistir na necessidade de que as instituições escolares se voltem com grande ênfase e empenho para a formação ética dos alunos, ainda que nem sempre haja clareza acerca dos princípios em torno dos quais deva se organizar essa formação.

Esse quadro de ampla e generalizada adesão, pelo menos do ponto de vista retórico, leva a crer que o ideal de um compromisso das instituições escolares com a formação ética vinculada à cidadania democrática deixou de ser um assunto restrito a especialistas e profissionais da educação para se constituir em uma questão de interesse comum e público.

Por outro lado, não é raro que os discursos pedagógicos sobre o tema apontem, ainda que de forma vaga, para uma suposta "crise de valores" em nossa sociedade, constatação a partir da qual sugerem a renovação de práticas e currículos escolares, a pretexto de que, no ideário escolar "tradicional", esse tipo de preocupação teria um caráter secundário.[1] Na dita "escola tradicional", a principal preocupação teria sido não a formação, mas a transmissão de conteúdos cognitivos e informações. Daí a conveniência de se recorrer a novas teorias e métodos educacionais, com pretensas "bases científicas", a partir das quais seria possível desenvolver inovações metodológicas mais eficazes, de que seriam exemplos a pedagogia "de projetos" e a "das competências" e, ainda, a metodologia dos "temas transversais" (Araújo, 2000). Assim concebido, o problema da efetivação de uma educação comprometida com uma formação ética e com as virtudes públicas aparece como um "novo desafio", cujo enfrentamento exigiria, portanto, o desenvolvimento de novas abordagens e metodologias de ensino.

É possível que haja, nesse diagnóstico e em suas pretensões de renovação pedagógica, alguns aspectos pontualmente relevantes ou pertinentes, mas sua aceitação imediata e acrítica tem levado os discursos educacionais a incorrer em alguns equívocos graves. Em primeiro lugar, porque a ênfase na renovação dos procedimentos didático-metodológicos parece situar a origem da "crise" na obsolescência das práticas escolares "tradicionais", e esse entendimento obscurece o fato de que os problemas que hoje temos de enfrentar decorrem menos de características internas a dinâmicas e de procedimentos escolares – como métodos e abordagens de ensino – do que da natureza política do desafio de se educar para uma formação ética comum em uma "sociedade de indivíduos". Em outras palavras, oblitera-se a dificuldade de formar cidadãos voltados para o bem comum em uma ordem social marcada pela dissolução dos laços de solidariedade comunitária e pela inexistência de um núcleo compartilhado de experiências éticas paradigmáticas.

Além disso, a sugestão, direta ou indiretamente veiculada nesses discursos, de que se trata de uma nova preocupação curricular e formativa parece ignorar que o tema da formação moral no âmbito da educação formal tem sido uma preocupação recorrente tanto da filosofia da educação como da ética e da filosofia política. Ora, ao contrário de certos temas recentes, que podem ser considerados novos do discurso escolar – como a "educação alimentar" ou a "formação para um desenvolvimento ecologicamente sustentável" –, a busca pela vinculação entre formação educacional e princípios éticos é bastante antiga e marcada por polêmicas históricas cuja fecundidade está longe de se esgotar. Se há, então, elementos novos no desafio contemporâneo de uma formação para as virtudes públicas, estes decorrem menos do caráter inovador de sua proposição do que da abrangência e da peculiar profundidade que o problema tomou no século XX.

Nesse sentido, vale a pena lembrar que a tentativa de se compreenderem os vínculos entre a formação educacional e as virtudes da vida pública remonta pelo menos ao início da tradição filosófica e a seus debates sobre os rumos políticos da *polis* [cidade]. Na *Política* (Livro VIII, 455a), por exemplo, Aristóteles (1997) destaca a necessária interdependência entre a constituição da *polis* e os ideais de formação educacional:

> Ninguém contestará que a educação dos jovens requer uma atenção especial do legislador, pois a negligência das cidades a esse respeito é nociva aos respectivos governos; a educação deve ser adequada a cada forma de governo, porquanto o caráter específico de cada constituição a resguarda e mesmo lhe dá bases firmes desde o princípio – por exemplo, o caráter democrático cria a democracia e o caráter oligárquico, a oligarquia; e o melhor caráter sempre origina uma constituição melhor.
>
> Ademais, para o exercício de todas as faculdades e artes, são necessárias certas formas de educação preliminar e a criação de hábitos [*ethos*] em suas várias manifestações, logo, é evidente que deve acontecer o mesmo com a prática das *qualidades morais*. Mas, como há um fim único para a cidade toda, é óbvio que a educação deve ser necessariamente uma só e a

mesma para todos, e que sua supervisão deve ser um encargo público [*politikós*] e não privado [*idion*] [...] Ora, o que é comum a todos deve ser aprendido em comum (1997, p. 267, grifos nossos).

Essa expressa preocupação em vincular a ação educativa à formação ética e aos ideais da "vida pública" (ou do *bios politikós*, por ele entendido como um modo de vida voltado para os negócios da *cidade*) é um tema recorrente na filosofia grega clássica. Em Platão, por exemplo, as discussões acerca da peculiaridade desse desafio político e educacional partem quase sempre de um questionamento radical, em geral empreendido por Sócrates, formulado em termos que hoje podem nos parecer estranhos. Nos diálogos sobre a formação ética, as reflexões e análises não se voltam para os meios a serem empregados nesse empreendimento, mas buscam compreender sua peculiaridade e as bases em que repousa. Em vez de se perguntar qual seria melhor forma de se ensinarem aos jovens princípios capazes de nortear uma conduta eticamente louvável, seja no âmbito público ou no privado, o questionamento recai sobre as próprias condições de possibilidade dessa tarefa.

Perguntando "A virtude pode ser ensinada?" (Platão, 2002), Sócrates convida Protágoras a expor suas reflexões sobre o tema para, em seguida, contrapor-lhes seus argumentos. Nessa, como em várias outras obras clássicas (Laques e Górgias, por exemplo), Sócrates não procura formular *métodos de ensino* ou *recursos pedagógicos*, mas busca, antes, compreender a natureza da questão: o que significa ensinar a alguém uma forma de conduzir a própria vida que possa ser considerada "digna de louvor"? Isso seria exequível? Seria possível, por exemplo, ensinar a alguém o discernimento necessário a uma tomada de decisão que envolva difíceis e inevitáveis conflitos entre princípios éticos igualmente louváveis? Bastariam para tanto a difusão de informações e o treinamento de capacidades, como no caso de uma arte ou habilidade (*techné*)?

Mas não só no campo da filosofia o tema da formação para a *virtude* foi objeto de questionamento, atenção e disputa. Ele era recorrente nas tragédias e comédias, na poesia, nos debates políticos; encontrava-se no centro da vida pública grega, fortemente marcada pelo espírito agonístico. Não pretendemos empreender uma análise retrospectiva desse fascinante e complexo embate entre as diferentes concepções então em disputa. O que procuramos fazer aqui é bem mais singelo: pensar alguns dos problemas atuais da formação ética no âmbito escolar a partir de pequenos excertos de obras clássicas que, apesar da distância, ainda podem lançar luz sobre dilemas e impasses que nos mobilizam.

Inicialmente, lembremos que o conceito de virtude como expressão de excelência na conduta moral – a *areté* – era na Grécia Clássica muito diferente do que hoje denominamos "formação ética" ou "formação do caráter".[2] Mas, por outro lado, algumas das conclusões propostas e dos caminhos trilhados para se pensar a "formação ética" (ou o "ensino das virtudes") podem se mostrar, ainda hoje, bastante relevantes. Vale lembrar, por exemplo, que a discussão sobre a possibilidade do ensino da virtude só emerge como um problema de interesse geral entre os gregos em função da crescente democratização de sua sociedade.

Na Grécia arcaica, a *areté* não era geralmente tida como "ensinável", mas concebida como uma qualidade hereditária ou como uma "dádiva", um presente dos deuses. A virtude – ou "excelência" – do guerreiro belo, bom e corajoso não era mero fruto dos esforços educativos humanos e, por decorrência, não poderia ser extensiva à totalidade da população. Ela era, na verdade, um símbolo distintivo da aristocracia guerreira, que concentrava em si o comando e a gestão da *polis*, da cidade. Só a partir do momento em que os "negócios da *polis*" passaram a ser objeto potencial da ação, do pensamento e do discurso de todo e qualquer cidadão,[3] ou quando o poder migra do palácio real e privado para o centro do espaço comum e público – a *ágora* – é que o ensino da virtude se torna objeto privilegiado de debates e de antagonismos.

Tratava-se de se perguntar como formar o homem para que se tornasse um cidadão, alguém capaz de tomar para si a responsabilidade e o desafio coletivos de criar princípios, regras e formas de convivência comum que estruturassem e preservassem o mundo público. O problema se tornou agudo quando não se tratava mais de formar uns poucos que deteriam o poder e a responsabilidade, mas *todos os cidadãos*, que, na condição de iguais perante a lei (*isonomia*) e em face do direito a opinião (*isegoria*), participavam ativamente das deliberações comuns sobre as questões da *cidade*, que concerniam a todos.

De modo análogo, os problemas ligados à formação ética para a vida pública no âmbito das instituições escolares são hoje muito mais agudos do que há algumas décadas. E isso não se deve simplesmente ao fato, tão propalado quanto pouco provável, de que é mais difícil educar as novas gerações ou de que nos tempos de hoje os princípios éticos nada têm a dizer aos jovens. De alguma forma, esse diagnóstico é sempre reatualizado – inclusive na Antiguidade grega[4] –, o que nos deve levar, no mínimo, a duvidar de sua precisão e utilidade.

Também no Brasil, enquanto a escola pública era privilégio de uma elite, a preocupação e os problemas das instituições escolares com a formação ética de seus alunos eram bem mais restritos. Um aluno indisciplinado ou com uma conduta considerada inadequada aos padrões da instituição escolar era simplesmente expulso, fosse por decisão administrativa, fosse pelo acúmulo de sucessivas reprovações, que atestavam sua incompatibilidade com a vida escolar, suas normas de conduta e seus procedimentos. Nesse sentido, à escola básica cabia não só formar seus alunos, mas também selecioná-los de acordo com suas capacidades e desempenhos cognitivos e morais. Tratava-se, portanto, de uma escola aristocratizante, se assim podemos dizer; que selecionava os "bons alunos" e se recusava a acolher a maior parte da população.[5]

Assim, sem dúvida, a escola se esquivava de uma série de problemas, mas, por outro lado, não poderia aspirar – como hoje, ao menos potencialmente, pode – a ter um papel destacado na construção de uma cidadania inclusiva e democrática. A escola seletiva não era pública, mas privativa de uma elite, de uma "aristocracia escolar", ainda que mantida pelo Estado.

Ora, negar à maioria da população direitos sociais fundamentais como a educação é restringir o sentido da cidadania democrática a formalidades eleitorais, que o integram, mas não o esgotam; que constituem parte de seu núcleo moderno, mas que são importantes tendo em vista que simbolizam e viabilizam a luta pela igualdade. Por isso, negar a igualdade de oportunidades escolares é cooperar para a instauração de uma "aristocracia social" fundada não no privilégio do sangue ou nas escolhas dos deuses, mas em um ideal de desempenho escolar abstrato e na legitimidade da hierarquização social supostamente dele decorrente. Colocar hoje a velha questão "as virtudes públicas podem ser ensinadas?" representa retomar e ampliar o sentido político da luta pela expansão de uma formação comprometida com os ideais de uma educação democrática e republicana.

Vemo-nos, pois, diante de um dilema análogo – embora com características muito distintas e peculiares – ao dos educadores e filósofos da Grécia Clássica. Por isso, proponho que retomemos aqui algumas de suas reflexões. Não para tomá-las como respostas prontas a nossos problemas que, com efeito, são diferentes, mas para que sirvam de ponto de partida para nossa reflexão, se desejarmos que nossas instituições escolares contribuam para a formação ética e política de nossos alunos.

Mas, antes de passar à análise de algumas respostas clássicas à pergunta "a virtude pode ser ensinada?", pensemos no próprio sentido dessa formulação radical do problema. Por que Sócrates não pergunta a seus interlocutores – a Protágoras, por exemplo – *como* ensiná-la, mas questiona a própria possibilidade de seu ensino? Não é provável que Sócrates duvidasse de que a conduta moral virtuosa autônoma pudesse ser apreendida e nem de que um mestre ou professor teria um papel destacado nesse tipo de empreendimento. Basta, nesse sentido, lembrar suas palavras de defesa no julgamento que o condenou à morte (Platão, 1978, p. 21):

> Outra coisa não faço [...] senão andar por aí persuadindo-vos, moços e velhos, a não cuidar tão aferradamente do corpo e das riquezas, como de melhorar o mais possível a alma, dizendo-vos que dos haveres não vem a virtude para os homens, mas da virtude vêm os haveres e todos os outros bens particulares e públicos. [...] Não é conforme à natureza do homem que tenha negligenciado todos os meus interesses, sofrendo há tantos anos a consequência desse abandono do que é meu, para me ocupar do que diz respeito a vós, dirigindo-me sem cessar a cada um em particular, como um pai ou um irmão mais velho, para o persuadir a cuidar da virtude.

Ora, se o próprio Sócrates afirma que toda a sua vida se concentrou nos esforços para despertar em seus concidadãos a busca incessante pela virtude, por que haveria ele de perguntar a Protágoras se ela pode ser ensinada, em vez de simplesmente debater sobre os meios supostamente mais eficazes de fazê-lo? Provavelmente porque, ao formular a questão de forma tão radical, Sócrates obriga o diálogo a se voltar para a própria natureza do problema da formação ética, evitando tratá-lo como mera questão de recursos pedagógicos ou de procedimentos didáticos eventualmente comuns ao ensino de informações, técnicas ou capacidades.

Se o processo de formação ética fosse análogo ao do ensino de uma disciplina específica – como a matemática – ou de uma capacidade técnica – como a de manejar um barco –, por que não existem "professores de solidariedade" ou "cursos de coragem"? Por que a ideia de um "especialista em generosidade" ou sua alocação como disciplina em uma grade horária nos soa absurda? Vejamos como o próprio Sócrates (1978) apresenta o problema que o inquieta:

> Cálias, se teus filhos fossem potros ou garrotes, saberíamos a quem ajustar como treinador para lhes aprimorar as qualidades adequadas; seria um adestrador de cavalos ou um lavrador; como, porém, eles são ho-

mens, quem pensas em tomar como treinador? Quem é mestre nas qualidades de homem e de cidadão? Suponho que pensaste nisso por teres filhos. Existe algum ou não existe?
Existe sim, disse ele.
Quem é, tornei eu, de onde é? Quanto cobra?
É Eveno, ó Sócrates, de Paros, respondeu ele, por cinco minas.
Fiquei, então, com inveja desse Eveno, se é que é senhor dessa arte e leciona a tão bom preço [...]. (1978, p. 14)

A ironia mordaz, característica de Sócrates, ressalta alguns problemas graves e pouco analisados na maior parte das tentativas atuais de se tratar a formação ética no âmbito da educação escolar: quem é mestre nos valores e princípios que devem reger a vida e a conduta daqueles que educamos? Em que bases pode um professor arrogar-se o direito de transmiti-los e cultivá-los? E, por outro lado, como podemos negligenciar justamente esse ponto tão crucial da formação educacional?

Talvez uma das respostas mais intrigantes e fecundas a esse questionamento radical seja a do próprio Protágoras, no diálogo que leva seu nome. Ele argumenta que há artes práticas cujo domínio técnico distingue um indivíduo em relação aos outros que não o possuem, como a arte de curar, no caso dos médicos, ou a de construir, no dos arquitetos. Não são artes comuns a todos, nem precisam sê-lo: a uma comunidade, basta que alguns entre centenas ou milhares de pessoas as possuam. Mas esse não é o caso das "virtudes pessoais e políticas", cuja distribuição potencial deve ser comum a todos, e não privilégio pessoal de alguns. E assim é porque "as cidades não poderiam subsistir se o pudor e a justiça fossem privilégios de poucos, como se dá com as demais artes" (Platão, 2002, p. 322d). Daí porque o ensino, a transmissão e o cultivo dessas virtudes devem ser concebidos como responsabilidade simultaneamente pessoal e coletiva, em uma comunidade política. Quando se trata de "deliberar sobre a virtude política, em que tudo se processa apenas em função da justiça e da temperança, é muito natural que admitam todos os cidadãos, por ser de necessidade que todos participem dessa virtude" (Platão, 2002, p. 323a).

Essa virtude, da qual potencialmente todos podem e devem participar, não é, para Protágoras, um "dom natural" ou "um efeito do acaso", pois, se assim fosse, não teria sentido, por exemplo, louvar um ato de coragem ou condenar a covardia; não se louva ou censura a alguém algo pelo que não é responsável, como a cor de seus olhos ou sua natureza mortal. O louvor e a censura moral só têm sentido em relação a características e disposições passíveis de "ser adquiridas pelo estudo, pela aplicação e pelo exercício" e cuja ausência ou insuficiência – os vícios – provocam em seus pares "a indignação e as repreensões" (Platão, 2002, p. 323d). Por isso, a formação ética e política de todos aqueles que são novos em nosso mundo é, para Protágoras, uma tarefa comum que nos exige o "maior empenho":

> Começando de pouquinho, desde pequeno, é a criança instruída e educada nesse sentido. Desde que ela compreende o que se lhe diz, a mãe, a ama, o preceptor e o próprio pai conjugam esforços para que o menino se desenvolva da melhor maneira possível. Toda palavra e todo ato lhes enseja ensinar o que é justo ou o que é injusto, o que é honesto ou o que é vergonhoso [...] o que pode e o que não pode ser feito. Depois, o enviam para a escola e recomendam aos professores que cuidem com mais rigor dos costumes do menino do que do aprendizado das letras e da cítara. (Platão, 2002, p. 325d)
> [...]
> Todo o mundo é professor de virtude, na medida de suas forças; por isso, imaginas que não há professores. Do mesmo modo, se perguntasses onde estão os professores de grego [coloquial], não encontrarias um só. (Platão, 2002, p. 327e)

Assim, da mesma forma que uma criança inicia o aprendizado de sua língua materna por meio do contato direto com aqueles que a utilizam, o aprendizado de princípios éticos e de disposições morais resulta não do contato com um especialista ou de um ensino à parte e específico, mas da convivência difusa com todos os que a cercam. Não há um especialista em português coloquial, nem nos princípios e valores que regem nossa conduta. Tanto a língua como os costumes de um povo são tradições públicas[6], herdadas, transmitidas e cultivadas no próprio convívio social. É evidente que de ambos os campos foram derivados estudos sistemáticos, aos quais eventualmente podemos recorrer. No entanto, tanto o uso coloquial da língua como a adesão a princípios éticos ou a disposições morais fundadas em valores não são resultantes de aplicações técnicas de um saber especializado, disponível somente àqueles que a ele se dedicam profissionalmente.

Nesse sentido, a formação ética não é uma tarefa de especialistas, mas de toda a comunidade; não é fruto de um esforço isolado, mas de uma ação conjunta e contínua de todo o entorno social. Disso decorrem pelo menos dois desafios fundamentais para uma instituição escolar. O primeiro deles é o caráter fundamentalmente coletivo desse tipo de trabalho no âmbito das instituições escolares. O ensino de uma disciplina isolada, como a matemática ou a história, exige e recorre a profissionais especializados que pretensamente têm informações e capacidades que os habilitam a ocupar o lugar institucional de professores. A formação escolar passa necessariamente pelo ensino de capacidades e disciplinas específicas, mas está longe de se esgotar aí. Não podemos tomá-la, nas atuais condições históricas, como resultante de uma relação interpessoal, como se cada professor fosse um preceptor isolado em sua relação individual com os alunos, e a escola, uma simples somatória massificada dessas relações. A escola é uma instituição social regida por uma série de valores, práticas e objetivos decorrentes da peculiaridade de sua história e da natureza de sua tarefa precípua de iniciação dos jovens no mundo comum e público.

O êxito – maior ou menor – na tarefa de iniciação dos jovens em uma herança pública de linguagens, práticas e princípios éticos ligado aos ideais de uma educação pública depende, pois, de um esforço conjunto de toda a instituição. Além de sua função específica, cada professor ou profissional da educação é um agente institucional, comprometido com uma série de princípios que se traduzem em responsabilidades e atitudes educativas próprias do mundo escolar:

> [...] o educador está aqui em relação ao jovem como representante de um mundo pelo qual deve assumir responsabilidade, embora não o tenha feito e ainda que secreta ou abertamente possa querer que ele fosse diferente do que é. Essa responsabilidade não é imposta arbitrariamente aos educadores; ela está implícita no fato de que os jovens são introduzidos por adultos em um mundo em contínua mudança. Qualquer pessoa que se recuse a assumir a responsabilidade coletiva pelo mundo não deveria ter crianças, e é preciso proibi-la de tomar parte em sua educação. (Arendt, 1978, p. 239)

É evidente que a "responsabilidade pelo mundo" a que se refere Arendt não é uma responsabilidade individual. Ela decorre do fato de que as gerações mais velhas, às quais pertencem os professores, não só *habitam o mundo*, mas são seres *do mundo*; pertencem e, ao mesmo tempo, renovam e criam esse complexo conjunto de heranças culturais de um povo cujos saberes, práticas, linguagens, princípios e procedimentos legamos às gerações seguintes por meio da educação. A essa responsabilidade coletiva, não podemos escapar, pelo menos se tivermos como ideal de existência – ou no mínimo como escolha profissional – ser professores e atuar em instituições escolares.

Uma segunda decorrência da visão exposta por Protágoras é o reconhecimento de que a escola é apenas uma entre as várias instituições sociais com que os alunos convivem e a partir das quais formam seus valores, princípios éticos e disposições morais. A família, os amigos, as igrejas e mesmo sua exposição à mídia concorrem para essa formação. Em uma sociedade complexa e plural como esta em que vivemos, cada uma dessas instituições a que se encontra ligado um indivíduo – ou cada segmento particular de sua vida social – pode apresentar um conjunto distinto de práticas, valores e princípios éticos. Essas diferentes perspectivas podem, muitas vezes, se articular em torno de um núcleo comum. Mas podem também entrar em tenso conflito, de forma aberta ou velada, e sem que possamos, nas atuais condições históricas, recorrer à autoridade inconteste de uma instância simultaneamente comum e superior às partes envolvidas.

O reconhecimento desse limite, que em grande medida desafia uma imagem de "laica sacralidade" ligada aos ideais da escola republicana, não deve, contudo, obscurecer a peculiaridade e a potencial fecundidade da ação docente na formação de princípios éticos e disposições morais dos jovens. Essa peculiaridade aparece de forma frisante na descrição que faz Protágoras do potencial formativo de algumas práticas tipicamente ligadas à cultura profissional dos professores:

> [...] É o que os professores fazem. E quando o aluno aprende a ler e começa a compreender o que está escrito [...] dão-lhe em seu banquinho a ler obras de bons poetas que eles são obrigados a decorar, prenhes de conceitos morais com muitas narrações em louvor e glória dos homens ilustres do passado, para que o menino venha a imitá-los por emulação e se esforce por parecer-se com eles. Do mesmo modo procedem os professores de cítara; envidam esforços para deixar temperantes os meninos e desviá-los da prática de ações más. (Platão, 2002, p. 326a)

Assim, os esforços educativos voltados para a formação ética não se separam, para Protágoras, dos próprios conteúdos e procedimentos característicos da ação docente e de sua cultura profissional. Ao ler os "bons poetas", o aluno entra em contato com feitos e personagens que merecem louvor ou censura, porque foram corajosos ou covardes. Ao se iniciar na literatura de um povo, os alunos se familiarizam com os dramas humanos e os valores neles envolvidos, com sentimentos e ações fundados na solidariedade ou no egoísmo, no respeito ou no desrespeito ao outro. Aprendem, assim, a admirar ou desprezar condutas e nelas se espelhar em suas angústias e decisões. Não há, nesse sentido, clara separação entre a iniciação na poesia de Homero (ou de Cecília Meireles) e a apresentação de um modelo de coragem como "virtude cívica" em Heitor (ou em Tiradentes). Mas nem sempre essa iniciação é fundamentalmente um ato discursivo.

Ao "aprender a cítara", aprendem também o valor da harmonia. Não como simples resultado de uma exposição verbal do professor acerca de sua importância, mas por meio de seu esforço durante o próprio ensino da música. Nesse sentido, o ensino de princípios éticos e disposições morais não é objeto de um momento especial, de uma preocupação pontual ou simplesmente de uma "tematização transversal" a que se expõe o aluno como a um ponto de um programa. Ao contrário, os princípios e os valores característicos da instituição escolar estão contidos nos próprios conteúdos aprendidos, nas próprias formas de conhecimento ensinadas e, portanto, se encarnam nas atividades e práticas docentes que os materializam como conteúdos didáticos. Assim, o cultivo de valores fundamentais pode – e deve – estar presente no desenvolvimento de cada uma das disciplinas e atividades de nosso ensino.

Ao ensinar uma simples redação escolar, por exemplo, um professor pode buscar desenvolver em seus alunos o apreço pelo capricho ou pelo rigor. Para isso, é possível que ele discorra sobre sua importância, mas seguramente não é sequer necessário. É possível ensinar alguém a ser caprichoso sem necessariamente dizer-lhe que o capricho é uma virtude e que ele deve cultivá-lo; assim como é possível ensinar alguém a gostar de música sem que jamais lhe digamos "goste de música, ela é uma expressão importante da cultura humana".

Analogamente, ao ensinar uma teoria científica, podemos fazê-lo de forma dogmática ou, ao contrário, esforçando-nos por avaliar o peso de suas evidências empíricas ou a força de seus argumentos. Nesse caso, estaremos, por intermédio das próprias práticas docentes, iniciando nossos alunos em princípios que historicamente têm sido associados aos ideais das comunidades científicas. Karl Popper (1986), por exemplo, ao caracterizar a ciência como uma forma particular de conhecimento, afirma que a tradição científica:

> [...] não se origina numa coleção de observações ou na invenção de experimentos, mas sim na discussão crítica dos mitos, das técnicas e práticas

mágicas. [Ela] se distingue da tradição pré-científica por apresentar dois estratos; como esta última, ela lega suas teorias, mas lega também com ela uma atitude crítica [...]. As teorias são transferidas não como dogmas, mas acompanhadas por um desafio para que sejam discutidas e se possível aperfeiçoadas. Essa tradição é helênica e remonta a Tales, fundador da primeira escola a não se preocupar fundamentalmente com a preservação de um dogma. (1986, p. 80)

O exemplo do cultivo de uma atitude crítica, fundada no exame de razões e argumentos, é particularmente importante para o tema dessas reflexões, já que caracteriza não só os ideais da ciência, mas também os da "racionalidade" subjacente ao ensino concebido como uma atividade formativa. Este, como afirma Scheffler (1978), se distingue da doutrinação ou do mero treinamento eficaz por um *modo específico* pelo qual se relaciona com aquele a quem se dirige:

O ensino poderá, certamente, proceder mediante vários métodos, mas algumas maneiras de levar pessoas a fazerem determinadas coisas estão excluídas do âmbito padrão do termo "ensino". Ensinar, no seu sentido padrão, significa submeter-se, pelo menos em alguns pontos, à compreensão e ao juízo independente do aluno, à sua exigência de razões e ao seu senso a respeito daquilo que constitui uma explicação adequada. Ensinar a alguém que as coisas são deste ou daquele modo não significa meramente tentar fazer com que ele o creia; o engano, por exemplo, não constitui um método ou modo de ensino. Ensinar envolve, além disso, que, se tentarmos fazer com que o estudante acredite que as coisas são deste ou daquele modo, tentemos, ao mesmo tempo, fazer com que ele o creia por razões que, dentro dos limites de sua capacidade de apreensão, são nossas razões. (1978, p. 70)

É obvio que nem Scheffler nem Popper se limitam a dar um conceito puramente descritivo de *ciência* e de *ensino*. Suas concepções, de claro teor programático, veiculam valores e princípios que, segundo suas perspectivas e interesses teóricos, devem animar cada uma dessas instituições sociais: a ciência e o ensino escolar. Mais importante ainda: ambos sugerem que o aprendizado desses princípios e valores não se dá por sua simples enunciação verbal. Ao contrário, seu ensino e cultivo dependem de práticas sociais – em grande medida não discursivas – de seus agentes. Dependem ainda da consciência que estes têm dos princípios que as animam e do significado de seus esforços no sentido de preservá-las e renová-las.

A melhor forma de cultivar e transmitir esses princípios – caros à prática docente e científica, mas também constitutivos de uma sociedade que se quer democrática – é torná-los presentes não só em nossas palavras, mas em nossas ações como professores e profissionais da educação. Por essa razão, exemplificam de forma frisante a ideia de Aristóteles (1982) de que as disposições morais não se adquirem pela mera consciência do "bem", pois exigem discernimento prático e exercício constante:

> [...] quanto às várias formas de excelência moral, todavia, adquirimo-las por havê-las efetivamente praticado, tal como fazemos com as artes. As coisas que temos de aprender antes de fazer, aprendemo-las fazendo-as – por exemplo, os homens se tornam construtores construindo, e se tornam citaristas tocando cítara; da mesma forma, tornamo-nos justos praticando atos justos, moderados agindo moderadamente, e corajosos agindo corajosamente. Essa asserção é confirmada pelo que acontece nas cidades, pois os legisladores formam os cidadãos habituando-os a fazerem o bem; essa é a intenção de todos os legisladores; os que não a põem corretamente em prática falham em seu objetivo, e é sob esse aspecto que a boa constituição difere da má. (Aristóteles, 1982, p. 35)

Ao que eu acrescentaria que é sendo um professor justo que ensinamos a nossos alunos o valor e o princípio da justiça; sendo respeitosos e exigindo que eles também o sejam, ensinamos o respeito não como um conceito, mas como um princípio que gera disposições e se manifesta em ações. Mas é preciso ainda ressaltar que o contrário também é verdadeiro, pois, se virtudes como o respeito, a tolerância e a justiça são ensináveis, também o são os vícios como o desrespeito, a intolerância e a injustiça. E pelas mesmas formas.

NOTAS

1 Embora recorrente nos discursos educacionais, a expressão "escola tradicional" é de baixo valor descritivo. Ao reproduzi-la, só temos em mente a apresentação do argumento, tal como usualmente ele se explicita, sem entrar no mérito das complexas questões subjacentes. Para uma análise mais precisa da confusão a que essa expressão tem levado, ver Carvalho (2001, cap. 3).

2 Como assinalam Jaeger (1989) e Peters (1976), o sentido do termo *areté* varia muito ao longo da história do pensamento grego, mas, para os nossos fins, basta a breve referência a alguns dos sentidos associados ao conceito.

3 Como é amplamente sabido, nem todo habitante de Atenas era cidadão ateniense, mas apenas os homens livres e maiores de 21 anos, excluindo-se, portanto, mulheres, escravos e estrangeiros.
4 Ver, a esse respeito, por exemplo, a comédia *As nuvens*, de Aristófanes.
5 Basta lembrar, por exemplo, que, até a unificação do exame de admissão, ao final da década de 1960, apenas cerca de 1 a cada 9 alunos tinha acesso ao antigo Ginásio (que hoje corresponderia ao Ensino Fundamental II).
6 O termo "tradição" às vezes tem uma conotação negativa, que o identifica com algo arcaico, em desuso ou mesmo dogmático. Não é esse, evidentemente, o caso nesse contexto. Uma "tradição pública" – como a língua portuguesa – é um saber de um povo, de uma nação ou civilização no qual os novos são iniciados. Trata-se, portanto, de uma realização histórica que herdamos, incorporamos e inovamos, de um legado cultural específico cujos critérios de uso e avaliação são públicos e sujeitos a constantes transformações, como as línguas, as ciências, as artes, etc.

Teoria e prática na formação de professores* 3

INTRODUÇÃO

O tema das relações entre teoria e prática na formação de professores é um caso particular de um problema amplo e complexo cujos esforços de elucidação remontam ao próprio início da tradição filosófica. Nesse sentido, basta lembrar as controvérsias – ainda hoje instigantes e inspiradoras – entre as posições de Platão e Aristóteles acerca do papel do conhecimento teórico da natureza do bem para a formação do homem bom ou virtuoso. O mal seria, como sugere Sócrates, resultante da ignorância do bem ou, ao contrário, um homem poderia *saber o que é o bem* e, a despeito disso, *agir mal*? Qual é a natureza das relações entre a capacidade de contemplação do bem, a formulação de uma *teoria ética* e o desenvolvimento de uma *sabedoria prática*, que se demonstra em decisões e atos cotidianos? Como se relacionariam, por exemplo, uma teoria da justiça e a capacidade de ser justo ou de tomar uma decisão justa? Em outras palavras: como se relacionam o *saber proposicional*, que caracteriza qualquer teoria, e o *saber fazer* que se manifesta em uma prática seja ela ética ou docente?

A longevidade e a relevância do tema não implicam, contudo, que se possa falar em "progressos", no que tange a seu equacionamento. Ao contrário, não é raro que, em face de dilemas por ele inspirados, os discursos pedagógicos contemporâneos recorram a fórmulas retóricas vazias que não só pouco esclarecem acerca da natureza dos problemas a enfrentar, como parecem querer nos poupar de refletir sobre sua comple-

---

*Uma versão inicial deste texto foi publicada em: CARVALHO, J. S. F. A teoria na prática é outra? Considerações sobre as relações entre teoria e prática em discursos educacionais. *Revista Brasileira de Educação*, v. 16, n. 47, p. 307-322, 2011.

xidade ou sobre a diversidade de formas pelas quais têm sido abordado. É o que costuma ocorrer quando, por exemplo, sob a alegação de uma recusa à dicotomia entre teoria e prática, postula-se uma suposta "relação dialética" entre ambas. É claro que esse pode ser o caso, mas, embora recorrente, tal adjetivação não basta para a compreensão dessa relação, posto que nada nos diz sobre sua natureza: ela seria a mesma, por exemplo, em campos tão distintos como o da medicina e o da política, da psicanálise e da educação? Esse tipo de recurso retórico generalizante não teria como efeito a anemia semântica do discurso e, por decorrência, a paralisia do pensamento?

Em face de um quadro como esse, saturado e, paradoxalmente, vazio, convém postular a multiplicidade de formas pelas quais um saber teórico-proposicional (*saber que*) se relaciona com um saber operativo (*saber fazer*). Há casos em que a excelência no desempenho de uma prática pouco tem a ver com a posse ou o domínio prévio de uma teoria a ser "aplicada" em um contexto específico. Em que medida, por exemplo, a leitura de uma obra como *O riso: ensaio sobre a significação do cômico*, de H. Bergson, seria fundamental para o êxito ou o aperfeiçoamento da prática de um comediante? Que papel pode ter uma "teoria do cômico" para aquele que quer apenas ser engraçado? Haveria, subjacente à prática do humor – uma prática inegavelmente intencional e inteligente, tal como o ensino –, alguma espécie de teoria ou esse seria um *saber fazer* não diretamente vinculado à posse de proposições teórico-conceituais? Por outro lado, não seria temerário se submeter a uma cirurgia com um médico que desconhecesse completamente quaisquer proposições teóricas acerca da anatomia ou da fisiologia humana? No entanto, mesmo nesse caso, não é forçoso reconhecer que a precisão dos gestos cirúrgicos com o bisturi não deriva diretamente de "verdades teóricas" que estejam na mente do cirurgião?[1]

Esse breve quadro de interrogações contrastantes já basta para sugerir que qualquer reflexão acerca das relações entre teoria e prática que desconsidere a complexidade e a pluralidade das formas pelas quais elas se vinculam corre o sério risco de veicular uma visão abstrata do problema. Mesmo reduzindo o escopo da investigação ao campo estrito das relações entre aportes teóricos e formação de professores, a variabilidade das relações e a complexidade de vínculos não permitem generalizações que possam ser, ao mesmo tempo, abrangentes e elucidativas. Por essa razão, a análise que apresentaremos a seguir incidirá sobre as relações entre teoria e prática em duas modalidades específicas de discurso pedagógico que foram muito influentes ao longo do século XX: a primeira vinculada às grandes matrizes do pensamento filosófico e a segunda fundada na psicologia genética de inspiração construtivista.

Embora em declínio nos meios acadêmicos mais sofisticados, essas duas modalidades de discurso continuam a ter influência significativa em programas de formação inicial e continuada de professores. Ademais, sua recente substituição por novas matrizes teórico-conceituais – como a "pedagogia das competências" – não tem representado uma ruptura significativa em relação aos pressupostos e elementos estruturais que são objeto de análise crítica neste texto. Ao contrário, a exemplo das teorias construtivistas, a maior parte dos discursos filiados à pedagogia das competências também apresenta uma retórica prescritiva igualmente forjada em abstração da cultura escolar (das práticas pedagógicas e dos valores e princípios historicamente vinculados aos ideais da cultura letrada e da escolarização), sinalizando antes uma continuidade acrítica do que uma superação dos modelos precedentes.

O mesmo parece se passar com a recente transposição para o âmbito dos discursos educacionais de expressões e conceitos oriundos de claudicantes teorias da administração de empresas. Se suas prescrições parecem ser inócuas no que concerne à renovação das práticas escolares, sua difusão tem concorrido sistematicamente para o esvanecimento de qualquer sentido público da formação educacional. Em sua perspectiva reducionista, a experiência escolar é concebida como um mecanismo de conformação ao mercado de trabalho em uma sociedade de consumidores; a cultura do trabalho escolar, por sua vez, é compreendida como algo análogo ao comércio de legumes. Não nos ocuparemos, contudo, dessas "novidades" do discurso educacional. Sua rápida evocação nesta apresentação visa apenas ressaltar o fato de que o núcleo dos problemas ligados aos discursos pedagógicos que marcaram a segunda metade do século XX permanece intocado, a despeito da nova – mas talvez ainda mais frouxa – roupagem a vestir os modismos do discurso pedagógico contemporâneo.

A FILOSOFIA COMO MATRIZ TEÓRICO-CONCEITUAL NA FORMAÇÃO DE PROFESSORES

Até pelo menos a segunda metade do século XX, pode-se falar em uma presença marcante da filosofia nos discursos acerca dos objetivos e das práticas educacionais. De forma bastante resumida, poderíamos caracterizá-los como uma transposição para o campo das teorias em educação das diferentes visões metafísicas, ontológicas ou políticas originalmente articuladas na obra de um pensador ou solidificadas, a partir de comentadores, em um sistema de pensamento ou em uma doutrina filosófica. Falamos, por exemplo, de uma concepção de educação em Platão ou em Rousseau, porque neles é possível encontrar um conjunto articulado de reflexões sobre os ideais que devem reger os processos educativos, ainda que sempre subordinados à respectiva teoria política e perspectiva acerca da natureza humana, da vida em sociedade, dos fundamentos da ética ou do conhecimento.

Essa modalidade de discurso inspirou uma série de teorias da educação voltadas para a formação de professores, em que se procurou transpor e adaptar uma rede conceitual originalmente vinculada às grandes questões políticas, epistemológicas e éticas para o âmbito da educação escolar. Essas tentativas, mais ou menos fiéis aos pensadores que as inspiraram, buscaram derivar de grandes sistemas filosóficos e conceituais algumas medidas práticas como abordagens de ensino e mesmo perspectivas de políticas educacionais. Assim, forjaram um modelo influente de *discurso pedagógico* vinculando o estabelecimento de objetivos e procedimentos da ação educativa a determinados valores e visão de homem e de sociedade.

Em geral, os vínculos teóricos entre concepções filosóficas e um modelo específico de discurso pedagógico foram forjados por comentadores, pedagogos e teóricos da educação, embora em um ou outro caso importante – o de Dewey e o de Kant, por exemplo – os próprios filósofos se tenham encarregado desse tipo de articulação. Nessa modalidade de discurso educacional – ainda presente, embora em declínio –, postula-se que, a certa concepção de homem, de sociedade e de conhecimento, deve corresponder uma concepção de escola, de aluno, de avaliação, etc. Em síntese, a cada grande sistema ou teoria sobre o homem, corresponderia uma visão de educação, deduzida desse campo conceitual e de seus ideais éticos, políticos ou epistemológicos.

A despeito das enormes divergências teórico-conceituais, as diversas correntes que integram essa modalidade de discurso comungam de um mesmo pressuposto: o de que é possível, a partir de concepções fundamentais de uma visão filosófica de homem, de sociedade e de ética, derivar ou mesmo *deduzir*[2] uma concepção precisa de educação, da qual decorreriam doutrinas operativas e sugestões de práticas pedagógicas. Contudo, a aceitação de tal pressuposto exige cautela. O argumento que parece sustentá-lo é o de que visões díspares nesses aspectos engendram concepções e práticas educativas igualmente díspares. Assim, uma visão cristã de mundo, por exemplo, teria implicações educacionais radicalmente diferentes daquelas fundadas em uma visão materialista. Poderíamos inferir que, enquanto, no primeiro caso, a formação religiosa pode ser vista como elemento fundamental da formação ética, no segundo, ela pode ser concebida como uma estratégia de difusão de uma "ideologia".

Ora, é inegável que, tendo em vista que apresentam um quadro do que é considerado importante e significativo na realidade, em seu conhecimento e na conduta humana, certas concepções éticas, políticas ou epistemológicas têm alguma influência, por exemplo, em uma política curricular e mesmo na aceitação ou rejeição de certas práticas pedagógicas. Mas, em geral, o que se postula é que haveria bem mais do que *alguma relação* entre essas diferentes visões filosóficas e as concepções e práticas educacionais. Kneller (1966, p. 35) ilustra bem esse tipo de crença:

> A filosofia educacional depende da filosofia formal porque quase todos os grandes problemas da educação são, no fundo, problemas filosóficos. Não podemos criticar os ideais e as diretrizes educacionais existentes, nem sugerir novos, sem atentar a problemas filosóficos de ordem geral, tais como a natureza da vida boa, que é um dos alvos da educação; a natureza do próprio homem, porque é o homem que estamos educando; a natureza da sociedade, porque a educação é um processo social; e a natureza da realidade suprema, que todo conhecimento procura penetrar [...]. O filósofo educacional pode estabelecer tais teorias *deduzindo-as* da filosofia formal e aplicando-as à educação. (grifos nossos)

Evidentemente, não se trata de um caso isolado. Pelo contrário, a ideia de que a partir desses grandes temas poderíamos "aplicar", "deduzir" ou estabelecer linhas de atuação prática em educação é generalizada, inclusive em obras brasileiras relativamente recentes.[3] Como diferentes "sistemas" elaboram diferentes redes conceituais relativas a essas questões, a cada "posição teórica" deveria corresponder uma "visão pedagógica". Assim, o professor, consciente ou inconscientemente, teria uma concepção de educação vinculada a certas visões filosóficas de homem, de sociedade e de conhecimento. A tarefa de uma "teoria da educação" seria oferecer aos professores modelos alternativos em face dos quais ele optaria, orientaria e justificaria sua ação; portanto, teorias educacionais nas quais fundamentaria sua prática.

Contudo, o pressuposto incorre, em primeiro lugar, em grave equívoco do ponto de vista lógico. De premissas metafísicas, ontológicas ou epistemológicas, não é possível *deduzir* um curso necessário de ação ou prática educativa, pois uma *dedução* depende inteiramente da manipulação formal de enunciados, e as conclusões que deles retiramos são fundadas, portanto, no que está de fato e literalmente expresso nas premissas. Assim, a partir do que *é* o homem não podemos deduzir como *deve ser* sua educação, e tampouco se pode deduzir *como se deve ensinar* a partir de uma teoria sobre o que *é* o conhecimento, posto que as conclusões propostas lançam mão de elementos ausentes nas premissas. Por isso, é uma falácia afirmar que de um conceito de homem podemos *deduzir um programa de educação*. O que é possível deduzir como princípio educacional de uma visão materialista-dialética do mundo? Os termos em que se expressam princípios políticos, ontológicos, éticos e epistemológicos são demasiadamente amplos para que deles se possa *deduzir* algo relativo à ação docente em um contexto escolar.

Se não se trata de uma dedução, poderíamos, então, afirmar que tais posições "implicam", "condicionam" ou "têm como consequência" determinada abordagem prática do ensino ou da educação? Mesmo atenuando a expressão, o problema não fica mais simples. Em que medida, por exemplo, apresentar a natureza humana como boa, mas corrompida pela vida social, pode implicar ou condicionar uma visão do que *deve ser* a prática educativa? A partir da aceitação desse princípio axiológico, não poderíamos sugerir fins e mesmo procedimentos não só muito distintos mas até conflitantes? Não poderíamos, por exemplo, sugerir a extinção de qualquer tipo de escolaridade formal, dado que ela introduz os jovens em um mundo corrompido? Ou sugerir que eles aprendessem desde cedo a conviver com esse mundo corrompido? Ou buscar educá-los para que sejam felizes com a corrupção da própria natureza? Qualquer uma dessas perspectivas pode ser "derivada" ou considerada uma "consequência" do princípio metafísico inicial...

Princípios não carregam em si a regra de sua aplicação. Por isso, as práticas podem ser tão variadas e mesmo conflitantes, ainda que supostamente ancoradas nos mesmos fundamentos teóricos. Quantas escolas com procedimentos distintos professam a mesma fé inabalável nas "teorias construtivistas"? E como explicar as desconcertantes semelhanças entre, de um lado, as escolas da antiga Alemanha Oriental e, de outro, as conservadoras católicas, alegadamente fundadas em ontologias e visões de mundo opostas? O fato é que, assim como a adoção de uma dada visão de mundo não implica uma prática pedagógica determinada, um mesmo conjunto de práticas escolares pode ter justificativas em perspectivas políticas, ontológicas ou metafísicas muito diferentes.

Como ressalta Scheffler (1978, cap. 2), os termos a que recorremos ao evocar como matriz essas grandes teorias sobre o homem ou o conhecimento "*são incapazes, isoladamente, de produzir quaisquer consequências práticas, pois precisam ser suplementadas contextualmente* por proposições programáticas de cunho prático. [...] *e o salto que vai* da rede conceitual teórica *à ação é largo e arriscado*", mesmo nos casos em que a teoria inicial venha a ser inegavelmente fecunda para a compreensão de aspectos relevantes da educação. Não se trata de negar a existência de qualquer impacto dessas modalidades de discurso nas práticas educacionais, mas de tornar patente o fato de que os problemas educacionais têm especificidades cujo equacionamento exige muito mais do que uma "visão geral de mundo". A compreensão das peculiaridades históricas e sociais da educação escolar não pode ser lograda por simples analogias ou transposições de conceitos originalmente formulados a partir de outros interesses teóricos; tampouco os problemas da prática educativa podem vir a ser equacionados de um modo interessante a partir de perspectivas que ignorem a cultura das instituições escolares.[4]

As discussões acerca da democratização da educação, marcantes nas últimas décadas do século XX, ilustram bem os limites da transposição mecânica de conceitos e da aplicação acrítica de práticas de um campo social – a política em sentido estrito – a outro: as práticas pedagógicas de uma instituição escolar. A insistência – ainda hoje – em identificar a "democratização da educação" com a mera implantação de métodos pedagógicos e ritos de escolha como assembleias e eleições, supostamente capazes de cultivar a liberdade do educando, tem resultado no empobrecimento tanto das discussões acerca do conceito de democracia como das que examinam seu vínculo com as práticas educacionais. Seja qual for o valor educativo dessas práticas, dentro da escola, elas nunca serão mais que um simulacro de democracia; um "faz de conta pedagógico" (Azanha, 1986) no qual a liberdade interna da vontade individual é confundida com a liberdade como fenômeno político e a questão crucial da democratização do acesso a um patrimônio cultural público fica obscurecida pelo ideal de relações interpessoais supostamente "democráticas" porque alegadamente "igualitárias".

Não se trata, é importante frisar, de um problema pontual e restrito à temática aludida. Ao contrário, esse exemplo, quase caricatural, ilustra uma modalidade de discurso pedagógico em que a apropriação dos resultados de uma investigação teórica é feita em abstração de seus processos, contexto e interesses. Não se busca, pois, um *modo de pensar* a especificidade do campo educação, mas uma forma de "aplicar" os resultados de reflexão teórica aos discursos e às práticas pedagógicas. Nessa perspectiva, a filosofia deixa de ser um *modo de interrogar* a educação, com eventuais – embora sempre incertos – impactos em sua prática, para se constituir em um suposto *estoque de respostas* a problemas que diferem substancialmente daqueles que lhe deram origem. Como veremos, a mera substituição da matriz teórica não implica a superação do modelo; pode antes agravá-lo.

A PSICOLOGIA DO DESENVOLVIMENTO COMO MATRIZ TEÓRICO-CONCEITUAL NA FORMAÇÃO DE PROFESSORES

O desenvolvimento das ciências humanas ao longo dos séculos XIX e XX impulsionou a esperança de que a aplicação de seus *modi operandi* ao campo da educação pudesse trazer inovações teóricas e práticas análogas às que então marcaram as investigações e práticas médicas. Já em 1911, Robert Rusk afirmava: "quando os novos métodos de investigação [...] de educação experimental se tornarem generalizadamente aplicados e os resultados universalmente aceitos, deixar-se-á de impugnar à educação o direito de ocupar seu lugar entre as ciências" (citado em Moraes, 1997, p. 21). No Brasil, na década de 1950, ao inaugurar o Centro Regional de Pesquisas Educacionais (CRPE-SP), Fernando de Azevedo afirmava que naquele momento se iniciava uma nova era, na qual "o empirismo, a improvisação e a superficialidade cedem, afinal, o lugar ao espírito e aos métodos científicos nos estudos dos problemas da educação" (citado em Santos, 2001, p 84).

Em meio a esse entusiasmo cientificista, as psicologias da aprendizagem e do desenvolvimento passaram a ocupar um lugar privilegiado no campo, alternando-se desde então nos modismos do jargão pedagógico. Por sua presença marcante no Brasil, o construtivismo piagetiano é um exemplo particularmente interessante dessa modalidade de discurso pedagógico que pretende, a partir de investigações de cunho psicológico, nortear a produção teórica e as práticas em educação. Nele, objetivos educacionais e procedimentos didáticos se subordinam a uma teoria do desenvolvimento cognitivo e a uma concepção de infância e aprendizagem que se arroga o estatuto de uma investigação científica supostamente capaz de imprimir às teorias e práticas educacionais um novo patamar epistemológico e um novo desenvolvimento técnico. Em sua obra *Psicologia e pedagogia*, Piaget expressa essa sua crença na capacidade de um "progresso" técnico e científico da educação a partir de investigações empíricas acerca das controvérsias que marcavam – e marcam – o campo em face da urgência de suas escolhas:

> [...] é um problema da *pedagogia experimental* decidir se a *melhor maneira de aprender a ler* consiste em começar pelas letras, passando em seguida às palavras e finalmente às frases, segundo preceitua o método clássico chamado analítico, ou se é melhor proceder de forma inversa, como recomenda o método "global" de Decroly. Só o estudo paciente, metódico, aplicado aos grupos comparáveis [...] é capaz de permitir a *solução do problema*. (Piaget, 1978, p. 34-35, grifos nossos)

Assim, o recurso a procedimentos canonizados no âmbito das ciências é concebido como a forma mais adequada de orientar as escolhas práticas em educação. Dados sistematicamente submetidos a testes poderiam apontar a *melhor maneira*, por exemplo, de alfabetizar alunos. É preciso ressaltar, no entanto, que, se for viável, uma pesquisa dessa natureza poderia apontar o método supostamente mais *eficaz*, *rápido* ou *fácil*, o que não necessariamente se confunde com o *melhor*, na perspectiva de uma formação educacional. É evidente que a eficácia, a facilidade ou a rapidez podem ser critérios importantes para a adoção de um método de trabalho escolar. No entanto, esses aspectos podem não ter a primazia em uma escolha que, por seu caráter formativo e não meramente instrumental, envolve uma série de outros valores e princípios. Esse é o caso da alfabetização, se a concebermos não apenas como uma capacidade ou competência técnica, mas como uma forma de iniciação na "cultura letrada". Por isso, a rapidez, a eficácia e mesmo a facilidade não são critérios absolutos e também devem ser julgados à luz dos ideais formativos da escolarização pública.

Nesse sentido, basta lembrar de escritos como *A república*,[5] de Platão, para pelo menos pôr em dúvida essa ideia, tão pronta e acriticamente aceita, de que em educação o caminho mais simples e fácil coincide sempre com o melhor, do ponto de vista formativo. É perfeitamente defensável que, embora mais lenta ou mais difícil, uma forma de trabalho venha a ser adotada em função de outros valores que consideremos superiores, como o esforço pessoal ou a disciplina para o trabalho intelectual.

Em educação, a escolha das formas de trabalho sempre exige a articulação de vários princípios institucionais de natureza formativa, ética e política que podem, inclusive, entrar em conflito entre si. Tais princípios não são passíveis de serem testados como hipóteses, pois não se referem à verdade ou falsidade de uma tese, mas ao significado educativo de certas práticas docentes. Podemos, por exemplo, crer que a própria autonomia dos professores na escolha de um determinado modo de trabalho seja um valor mais importante a cultivar no contexto de uma formação educacional do que a suposta eficácia de uma forma de trabalho ou de um material padronizado.

Jamais será apenas a partir de dados empíricos que poderemos fundamentar e justificar, por exemplo, a pertinência ou não da adoção de uma política que favoreça ou dificulte o acesso de certos segmentos ou da totalidade da população à escolaridade fundamental; e o mesmo se aplica à definição dos mecanismos de avaliação e seleção dentro desse sistema educacional e às escolhas curriculares. Incluir ou não a cultura afro-brasileira no currículo escolar é uma opção de natureza político-educacional, não uma hipótese a ser testada. Esta, como a maior parte das questões educacionais, remete a decisões de ordem programática, cujos critérios de avaliação e escolha podem até contar com o auxílio de investigações empíricas, mas necessariamente as ultrapassam, porque visam ao estabelecimento de objetivos e ao esclarecimento e à veiculação de conceitos e programas de ação. São, portanto, decisões de cunho ético e político, e não técnico-científico.

Um dos escritos de Piaget sobre o ensino de história pode ilustrar os limites incontornáveis da pretensão de se renovarem a produção teórica e as orientações práticas da educação a partir de teorias psicológicas. Em artigo acerca das possíveis contribuições da psicologia da criança para esse campo do ensino (Piaget, 1933, p. 97-104), Piaget se propõe a oferecer aos pedagogos os resultados de pesquisas iniciais a respeito de *como a criança representa o passado não vivido*. A partir de dados sobre o desenvolvimento na criança das "representações espontâneas" da história, o autor comenta brevemente sua importância para um eventual uso pedagógico:

> [...] as primeiras reações que notamos em nossos sujeitos não são simplesmente o reflexo de conhecimentos escolares mal digeridos: elas testemunham uma atitude especificamente pueril na presença do passado. O passado infantil não é nem longínquo, nem ordenado em épocas dis-

tintas. Ele não é qualitativamente diferente do presente. A humanidade permanece idêntica a si mesma, tanto em sua civilização como em suas atitudes morais. E, sobretudo, o universo é centrado no país ou na cidade a que pertence o sujeito. Reencontramos, assim, o egocentrismo no domínio histórico, tal como existe em todas as representações da criança. Abstenhamo-nos, evidentemente, de retirar dessas esparsas investigações toda uma pedagogia. Mas, se verdadeiramente [...] a educação do sentido histórico da criança supõe a educação do espírito crítico ou objetivo, a da reciprocidade intelectual e a do senso de relações ou de escalas, *nada nos parece mais próprio para determinar a* técnica *de ensino da história que um estudo psicológico das atitudes intelectuais espontâneas da criança*, por mais ingênuas e negligenciáveis que elas possam parecer de início. (Piaget, 1933, p. 104, grifos do original)

Para os propósitos desta discussão, deixemos de lado uma série de questões conceituais e empíricas que mereceriam análise do ponto de vista psicológico ou antropológico, como o postulado caráter "natural" ou "racional" da linearidade e progressividade na representação do tempo histórico. Para analisar seu emprego educacional, podemos supor que os resultados apresentados acerca da progressiva construção da temporalidade e da reciprocidade sejam plenamente aceitáveis. Ainda assim, o fato é que as supostas fases e estruturas desenvolvidas pelas crianças na construção da noção de "passado" podem, no máximo, explicar limites e possibilidades gerais das estruturas cognitivas na compreensão desses fenômenos. Elas podem mostrar ao professor, por exemplo, que é perfeitamente normal que uma criança de determinada faixa etária não tenha uma clara noção sequencial dos eventos ou que ela projete para o passado certas características do presente. No entanto, o conjunto principal de problemas que um *professor* deve enfrentar ao estabelecer *prioridades*, *conteúdos*, *formas* e *objetivos* do *ensino de história* em uma *instituição escolar* permanece intocado.

Os dados e objetivos apresentados por Piaget, por exemplo, são absolutamente compatíveis com um ensino de história que se concentrasse em grandes eventos e heróis, no cotidiano de civilizações passadas ou na alternância de modos de produção em diferentes sociedades. Seria compatível também com um ensino de história que procurasse forjar no aluno uma identidade nacional ou modelos de comportamento exemplares. Para a prática escolar, no entanto, trata-se exatamente de escolher entre perspectivas mutuamente excludentes. O mesmo se poderia dizer em relação a civilizações ou a eventos históricos que devem integrar um determinado currículo: devemos ou não incluir, em um programa escolar específico, por exemplo, a história dos povos africanos e das nações indígenas pré-colombianas? E o mesmo vale ainda para as formas pelas quais tais eventos serão apresentados, estudados ou avaliados pelo professor.

Cada uma dessas decisões teóricas ou práticas está impregnada de antecedentes e consequências educacionais, e seria pouco sensato sustentarmos que, como todas são compatíveis com "a natureza e o curso do desenvolvimento das noções de história", elas cumprem *igualmente* seu papel educativo ou têm pouca importância para a visão de história que terá o aluno que com elas interagir. Por outro lado, como vimos, não é possível, a partir da descrição da "natureza do desenvolvimento espontâneo da noção de história", "deduzir" ou derivar decisões fundamentais sobre conteúdos, metas ou formas de ensino.

Enfim, o ensino de história em uma instituição escolar – como o de qualquer disciplina, capacidade, hábito ou valor – exige do professor escolhas relativas ao conteúdo a ser abordado, à perspectiva da abordagem, às formas pelas quais se apresentarão as informações e o próprio modo de pensar como a disciplina serão apresentados e aos objetivos dessa disciplina no contexto específico de uma dada instituição escolar e em relação às características de seus grupos. Por isso, as responsabilidades e metas do professor e da escola ultrapassam largamente, embora incluam, o desenvolvimento psicológico da noção de temporalidade ou mesmo da reciprocidade intelectual.

Esses objetivos, perspectivas, procedimentos e formas de ensino só podem encontrar modelo, justificação e compreensão na própria *cultura da instituição escolar*, nas peculiaridades de cada grupo social que a integra, enfim, no fato de que:

> [...] a escola, ou melhor, o mundo escolar é uma entidade coletiva situada num certo contexto, com práticas, convicções, saberes que se entrelaçam numa história própria em permanente mudança. Esse mundo é um conjunto de vínculos sociais frutos da aceitação ou da rejeição de uma multiplicidade de valores pessoais e sociais. (Azanha, 1998, p. 20)

Assim, a concepção de uma educação que vise ao pleno desenvolvimento das capacidades psicológicas das crianças e dos jovens parece ignorar ou menosprezar o "mundo escolar" em que se dará o ensino de qualquer disciplina. Por isso, quando aplicada às instituições escolares, torna-se também ela uma visão exterior e abstrata dessas instituições: o desenvolvimento das capacidades é visto em abstração dos conteúdos escolares específicos; a aprendizagem do aluno, em abstração do ensino e das escolhas do professor; o desenvolvimento do jovem, em abstração das exigências e dos valores sociais específicos de uma sociedade historicamente determinada.

Como decorrência desse caráter abstrato, as recomendações de procedimentos didáticos e educacionais do construtivismo pedagógico raramente têm resultado em alternativas de práticas escolares que sejam simultaneamente operacionalizáveis, abrangentes e significativas. Ao contrário, frequentemente transformados em *slogans* e "palavras de ordem", os princípios didáticos e as orientações metodológicas construtivistas raramente ultrapassam fórmulas gerais de escasso valor prático para o trabalho do professor.

Nem poderia ser de outro modo. O que se espera de um discurso que almeje modificar um conjunto de práticas sociais historicamente consolidadas como as escolares é que ele as conheça em suas manifestações mais típicas ou frequentes, em seus condicionantes e resultados e, a partir desse conhecimento, aponte alternativas e as justifique, levando em conta os valores e condicionantes históricos a elas associados. O construtivismo educacional, no entanto, tem pretendido levar a cabo reformas educacionais a partir do conhecimento psicológico de um dos polos envolvidos nessa relação – a criança a quem educamos –, como se a mera posse de informações acerca de seu desenvolvimento cognitivo pudesse condicionar práticas pedagógicas, escolhas curriculares e as demais decisões inerentes à complexidade de qualquer proposta educacional. Assim, o construtivismo pedagógico parece postular que as práticas escolares seriam uma "decorrência" dos conceitos de criança, inteligência, desenvolvimento, etc., de modo que a renovação desses conceitos na representação dos professores resultaria na renovação de suas práticas.

Ora, como vimos, essa postulada relação entre concepções teóricas de professores e suas práticas escolares é bastante frágil. Dentre outros motivos, porque concebe mudanças nas práticas educativas como decorrências da posse de novos conceitos e princípios, ignorando que todo conceito ou máxima tem, necessariamente, certo grau de generalidade que não pode conter especificações que o adapte aos detalhes de um fato particular. Como afirma Ryle (1967, p. 31), "um soldado não se transforma em um general astuto pelo mero fato de compartilhar os princípios de Clausewitz. Deve ser capaz de aplicá-los. Saber como aplicar máximas não pode se reduzir nem derivar de sua aceitação".

É evidente que essas observações não pretendem negar o eventual valor de estudos em psicologia do desenvolvimento para professores e demais profissionais da educação. O que se procurou ressaltar foi que teorias e programas de ação educativa exigem referências a uma complexa série de questões de natureza formativa e institucional que não podem ser reduzidas às supostas características psicológicas dos alunos.

Por outro lado, se o construtivismo – ou qualquer outra linha de investigação em psicologia – pretende contribuir para as práticas e os discursos pedagógicos, é preciso que o foco de suas investigações se volte diretamente para esse fenômeno particular e concreto que é o "mundo escolar", ultrapassando a mera transposição mecânica de conceitos. Caso contrário, a exemplo de tantas outras correntes educacionais que se alternam nos modismos pedagógicos, o construtivismo nunca passará de uma retórica abstrata, incapaz de aumentar nossos conhecimentos sobre as instituições escolares ou de renovar seus fundamentos e práticas, tão simplesmente porque as desconsidera em suas características históricas e institucionais e em seus compromissos éticos e políticos.

CONSIDERAÇÕES FINAIS

A análise dessas duas modalidades de discurso pedagógico, em que pese sua larga influência no campo da educação, não nos autoriza a enunciar conclusões gerais acerca dos modos pelos quais se têm concebido as relações entre teoria e prática na formação de professores. Mas seu exame pode sugerir, ao menos como hipótese, a existência de certos traços e elementos recorrentes, a despeito da variedade de perspectivas teóricas que se têm alternado nas tendências e nos modismos pedagógicos. Dentre eles, procuramos dar destaque ao vezo pedagógico de se proporem inovações didático-metodológicas a partir de perspectivas teóricas que ignoram as práticas e os problemas característicos da cultura do trabalho escolar e dos princípios éticos e políticos que historicamente se associaram aos ideais da escolarização.

Há ainda outro elemento que merece menção nestas considerações finais, sobretudo por seu peso crescente na proposição de diretrizes curriculares sobre formação docente. Trata-se da propagação e da adoção de uma concepção curricular marcadamente instrumental, na qual o *sentido formativo* dos conteúdos teóricos cede passo à difusão de saberes supostamente dotados de uma *finalidade prática* e alegadamente disponíveis para uma aplicação imediata aos desafios cotidianos da educação.[6]

É evidente que parte substantiva da formação de professores – como a de tantos outros profissionais – deve necessariamente recorrer à difusão de "meios" técnicos eficazes ou à apresentação de formas de trabalho cuja aplicabilidade seria supostamente interessante para alcançar determinados "fins". Nesse sentido, há uma dimensão necessariamente instrumental no processo formativo de um professor que não pode ser negligenciada, mas essa dimensão se torna derrisória a partir do momento em que se crê poder minimizar ou francamente eliminar a busca do *sentido* ético e político da formação docente, dando atenção exclusiva a questões ligadas à eficácia dos meios – e, claro, a sua mensurabilidade e a seu controle.

Ora, a lógica instrumental – de onde deriva a noção de "finalidade" – é típica de um âmbito da existência humana: a fabricação de objetos. Fabricamos uma mesa, por exemplo, não por qualquer valor intrínseco que possamos atribuir à própria atividade ou a seu processo, mas por sua "finalidade prática", ou seja, por ela ser um "meio" conveniente ou necessário para um "fim" que lhe é exterior: ter um lugar para comer, para apoiar um computador, etc. Por outro lado, esse "fim" para o qual ela é um "meio" será, também ele, um "meio" para outro "fim". Assim, fabricamos a mesa para apoiar um computador, que, por sua vez, é um "meio" para escrever um artigo ou obter informações, que, por sua vez, torna-se um "meio" para outro "fim", em uma cadeia infinita e, por si, carente de "sentido" ou "significado".

Ora, a lógica instrumental, que marca a produção de objetos, pode tornar-se espúria ao ser indistintamente aplicada ao âmbito das relações entre os homens, às quais avaliamos e julgamos não como meros "meios" para outros "fins", mas como ações que podem ter um "sentido" intrínseco. Há, portanto, ações e experiências humanas às quais não se aplica a pergunta acerca da finalidade ("para que servem?"). Elas não têm necessariamente nenhuma utilidade imediata e, muitas vezes, nem sequer visam atingir um "fim" exterior à própria atividade. Podem, contudo, ser dotadas de "sentido". As relações de amizade, a experiência da paternidade, o prazer de ler um poema são exemplos de experiências que podem ter um profundo *sentido formativo* para quem as vive, a despeito de sua vaga ou nula aplicabilidade prática imediata. E as experiências são formativas não pelo que permitem fabricar como fruto de seu aprendizado, mas pelo fato de operar transformações naqueles que por elas passam; por isso, formam *sujeitos* que, dentre outras qualidades, são profissionais.

As recentes tentativas de redução de toda forma de conhecimento à noção de uma "competência" a ser mobilizada em um contexto prático de resolução de problemas é um exemplo frisante do triunfo da "lógica instrumental" sobre o "sentido formativo". Ao transpô-la para o campo específico do papel dos aportes teóricos na formação de professores, desconsidera-se uma importante peculiaridade das relações educativas. Os objetos – tijolos, chapas de aço, teclados de computador – reagem aos atos, processos e técnicas a que são submetidos independentemente de quem os opera. Daí porque a substituição de um operário não altera significativamente o produto industrial: a tecnologia decreta a superfluidade do trabalhador, de sua experiência e de sua singularidade. Mas as pessoas – sobretudo os alunos em formação – não reagem apenas a técnicas, métodos e procedimentos a que são submetidos. Reagem também e fundamentalmente à singularidade da pessoa que os ensina, à sua visão de mundo; reagem, portanto, não somente *àquilo* que um professor faz, mas a *quem* ele é. Daí que o processo formativo de um professor não se esgote no desenvolvimento de suas "competências profissionais", mas inclua necessariamente a *formação de um sujeito*. A menos que se tenha por objetivo a decretação da *superfluidade do educador*.

NOTAS

1 A esse respeito, ver a distinção que faz Gilbert Ryle (2002, cap. 2) entre os usos proposicionais (*know that*) e operativos (*know how to*) do verbo "saber".
2 Não se trata, como veremos adiante, de uma dedução, no sentido canônico do termo; no entanto, não é raro seu emprego em discursos educacionais com o sentido de uma consequência retirada de um princípio.
3 A título de ilustração, citamos Mizukami (1986, p. 3), que procura apresentar um quadro geral das teorias de ensino e aprendizagem a partir de referenciais filosóficos ou científicos desses temas: "O conhecimento humano, pois, dependendo dos diferentes referenciais, é explicado diversamente em sua gênese e desenvolvimento, o que, *consequentemente, condiciona conceitos diversos de homem, mundo, cultura, sociedade, educação, etc.* [...] Diferentes posicionamentos pessoais deveriam derivar diferentes arranjos de situações de ensino-aprendizagem e diferentes ações educativas em sala de aula, *partindo-se do pressuposto de que a ação educativa exercida por professores em situações plane-*

jadas de ensino-aprendizagem é sempre intencional. Subjacente a essa ação, estaria – implícita ou explicitamente, de forma articulada ou não – u*m referencial teórico que compreendesse conceitos de homem, mundo, sociedade, cultura, conhecimento*" (grifos nossos).

4 Demos preferência à expressão "instituição escolar" (em vez de simplesmente "escola") para ressaltar a diferença, obscurecida pelas perspectivas economicistas, entre uma *instituição* e uma *organização*. Enquanto esta última – ligada aos meios produtivos privados – depende exclusivamente da aceitação presente de seus produtos, a primeira retira sua legitimidade de seu enraizamento histórico na sociedade.

5 A descrição do acesso da caverna à contemplação, presente no Livro VII, mostra o processo formativo não como algo simples e fácil, mas antes como uma árdua tarefa espiritual. Não se trata, a nosso ver, de uma concepção rara naquele contexto. Em *Antígona*, de Sófocles, o coro afirma que "nada de grande entra na alma humana sem sofrimento".

6 A distinção entre "sentido" (*meaning*) e "finalidade" (*end*) é particularmente bem desenvolvida por Arendt (1972, cap. 2).

4 O declínio do sentido público da educação*

INTRODUÇÃO

A partir do final da década de 1970, a Europa foi palco de um intenso esforço político que visava renovar procedimentos pedagógicos e objetivos educacionais de seus sistemas de ensino. Em um texto de 1979, Claude Lefort procurou analisar o sentido político dessa reforma "modernizante" e, em tom cético, nos alertava para um aparente paradoxo, ao afirmar que:

> [...] o que há de notável num tempo como o nosso, em que nunca antes se falou tanto de necessidades sociais da educação, em que nunca antes se deu tanta importância ao fenômeno da educação, em que os poderes públicos nunca antes com ela se preocuparam tanto, é que *a ideia ético--política de educação se esvaiu*. (1999, p. 219, grifos nossos)

Trinta anos depois, a "modernização pedagógica" então anunciada parece dominar os discursos educacionais em escala global. O Brasil, a exemplo de dezenas de países, incorporou seu jargão nos documentos normativos, notadamente nas Diretrizes e nos Parâmetros Curriculares Nacionais, e seus procedimentos e conceitos nas políticas de avaliação do rendimento escolar. A retórica sobre as supostas necessidades econômicas de um sistema educacional de "qualidade" se consolidou e se tornou tema recorrente na mídia, nas campanhas eleitorais, nos discursos de governantes. Simultaneamente, o discurso republicano clássico, caracterizado pelo ideal de uma formação escolar voltada ao cultivo de

---
* Uma versão inicial deste texto foi publicada em: CARVALHO, J. S. F. O declínio do sentido público da educação. *Revista Brasileira de Estudos Pedagógicos*, v. 89, n. 223, p. 411-424, 2008.

princípios éticos ligados às *virtudes públicas*, passou a soar como algo cada vez mais distante ou anacrônico.

A busca pela compreensão das determinações históricas e sociais dessa transformação costuma apontar fatores internos ao campo educacional, como as deficiências na formação de professores e o caráter tecnicista do currículo e das políticas públicas contemporâneas. Aspectos como esses podem, de fato, ter grande impacto no modo como atribuímos sentido às práticas e aos ideais educativos, mas não dão conta da complexidade do fenômeno de que tratamos. Por isso, convém não nutrir a expectativa ingênua de que o esvanecimento do sentido ético-político da educação poderia ser detido por simples reformulações nas diretrizes para formação de professores ou por políticas de reinserção e valorização das "humanidades" no currículo escolar. Afinal, isso parece, antes, confirmar tal esvanecimento e não explica sua gênese nem aponta para seus condicionamentos históricos e sociais...

Nessas reflexões, procuraremos compreender o declínio do significado político da formação escolar a partir de um fenômeno exterior ao campo pedagógico, mas cujas consequências nele se fazem sentir. Examinaremos o impacto, na educação, da crescente e contínua diluição das fronteiras entre as esferas pública e privada na vida contemporânea. O que se procurará demonstrar é que, à medida que se concebem o valor e a qualidade da educação com base em seu alegado impacto econômico na vida privada do indivíduo, perde-se seu significado ético-político, ou seja, seu sentido público. Assim, objetivos educacionais identificados com a difusão e o cultivo de *virtudes públicas* – como a solidariedade, a igualdade, a tolerância – passam a ocupar um lugar secundário em relação ao desenvolvimento de *competências e capacidades individuais* ou àquilo que, com precisão, se convencionou chamar de *capital humano*.

A fim de apresentar uma análise mais detida dessa tese, examinaremos a gênese histórico-conceitual das noções de público e privado para, a seguir, mostrar sua diluição na sociedade de consumo e avaliar seu impacto no campo da educação.

O PÚBLICO, O PRIVADO E A SOCIEDADE DE CONSUMIDORES

Tornou-se lugar-comum apontar a existência do que parece ser uma crescente tensão entre os âmbitos público e privado, suas fronteiras e características. Há discursos que, em tom apreensivo, denunciam um declínio ou mesmo o eventual desaparecimento da esfera pública como resultado do que seria uma crescente privatização de todas as esferas da vida em nossa sociedade. Em outro viés ideológico, alega-se uma incontornável ineficiência do "setor público" quando comparado à "agilidade da iniciativa privada". Esses dois exemplos recorrentes já bastam para sugerir que a dicotomia público x privado há tempos não se resume a contendas acadêmicas. Ao contrário, ela parece habitar nosso universo discursivo cotidiano.

É provável que, nesse uso habitual, nossas referências sejam suficientemente claras para os propósitos mais imediatos da comunicação – informar, persuadir ou emitir opinião. Contudo, não é difícil dar-se conta de que os termos da dicotomia são polissêmicos – cada um deles isoladamente e em sua relação. Basta apresentarmos questões mais precisas para que a aparente clareza se desfaça. Não é raro, por exemplo, que o adjetivo *público* seja direta e exclusivamente identificado com o que é instituído ou mantido pelo Estado, como uma "escola pública", um "hospital público". Mas a criação e o financiamento estatal garantem o "caráter público" de uma instituição? Um banco criado e mantido pelo Estado deve necessariamente ser considerado como uma "instituição pública"? Ou seria simplesmente uma empresa ou organização que funciona no padrão daquilo que é privado, ainda que a partir de recursos públicos? Em caso afirmativo, poderia, então, haver uma instituição que, do ponto de vista de sua propriedade, seria patrimônio público, mas, da perspectiva de seu funcionamento, produto ou acesso, uma organização privada? O estatal sempre equivale ao público ou, ao contrário, o interesse do Estado pode entrar em conflito com o interesse público?

Talvez a vinculação imediata entre público e propriedade estatal assim como entre privado e propriedade particular seja uma das formas mais corriqueiras de definir os termos da dicotomia. Mas é bastante problemática, já que há bens comuns que não são propriedade – nem pública nem privada – mas são indiscutivelmente classificados como bens públicos, como é o caso da língua de uma nação. A língua portuguesa – como o tupi – não é uma propriedade, em sentido estrito, de ninguém, embora seja um *bem simbólico comum e público*. Essas observações iniciais visam unicamente chamar a atenção para o fato de que o uso dos conceitos de *público* e *privado*, ainda que relativamente corriqueiro, pode ensejar imprecisões e ambiguidades, dada a pluralidade de significações que a eles costumamos atribuir.

Assim, mesmo sem pretender uma significação essencial e a-histórica desses termos, sua adequada compreensão requer, a meu ver, uma referência ao sentido primeiro da experiência política que os criou. Não porque a ela poderíamos – ou deveríamos – voltar, nem por culto à nostalgia, mas pela convicção de que certos conceitos trazem consigo a significação fundamental das experiências políticas que os geraram e, assim, seu desvelamento poderá ensejar, à medida que revelar as significações de que são portadores, uma reflexão acerca do sentido de certos problemas contemporâneos a eles concernentes.

Iniciemos, pois, com uma breve explanação acerca da gênese da noção de *esfera pública*, tal como ela se constitui pela primeira vez na Antiguidade clássica. Arendt destaca que a vida na *polis* denotava uma forma de organização política muito especial e livremente escolhida, não podendo ser tomada como o simples prolongamento da vida familiar e privada ou como uma estratégia de sobrevivência de um ser gregário:

> A capacidade humana de organização política não apenas difere, mas é diretamente oposta a essa associação natural cujo centro é constituído pela casa e pela família. O surgimento da cidade-Estado significava que o homem recebera, além de sua vida privada, uma espécie de segunda vida, o seu *bios politikós*. Agora, cada cidadão pertence a duas ordens de existência; e há uma grande diferença em sua vida entre aquilo que lhe é próprio (*idion*) e o que lhe é comum (*koinon*). (Arendt, 1989, p. 33)

Assim, a esfera privada, ligada à casa e à família, caracterizava-se por ser um plano da existência no qual se buscava prioritariamente atender às *necessidades da vida*, garantir a sobrevivência individual e prover a continuidade da espécie. Era, pois, a esfera da *necessidade* e do *ocultamento*; da *proteção* e *manutenção* da vida, da defesa dos interesses próprios (*idion* refere-se ao que é próprio a um indivíduo ou grupo particular, origem da palavra *idioma* e do termo *idiotés*, que, para os gregos, designa aquele que só cuida de si ou do que é exclusivamente seu). Por isso, no pensamento clássico, a existência nesse plano não era verdadeiramente "humana", mas se caracterizava por ser um esforço pela sobrevivência de mais um exemplar da espécie. Análogo, portanto, aos esforços das demais formas de vida animal.

Esse plano da existência – o dos esforços pela manutenção da vida, característicos da esfera privada – é mantido pelo *labor*[1], ou seja, pelo conjunto de atividades cujo produto é consumido no próprio ciclo vital.

A atividade de cozinhar, por exemplo, é característica do *labor*, já que a finalidade de seu produto – a refeição – é ser consumido no esforço de manutenção da vida, individual e da espécie.

Já a esfera pública surge a partir da constituição de *um mundo comum*, não no sentido de um espaço coletivo vital e natural, mas no de um artifício propriamente humano, que nos reúne na companhia dos outros homens e de suas obras. Não se trata de simples esforço gregário para prover formas de subsistência coletiva (o que pode acontecer no âmbito privado da família, por exemplo), mas da possibilidade de criação de um universo simbólico e material comum e compartilhado. Por isso não é mera continuidade ampliada da esfera privada. O *bios politikós* (o modo de vida da *polis*, da cidade) é uma nova esfera de existência que congrega cidadãos livres em torno daquilo que lhes é comum – um espaço público – e cria uma realidade compartilhada (*koinon*, por oposição ao *idion*). Se a esfera da privatividade é a do ocultamento, a dos mistérios da vida e do zelo na sua proteção, a esfera pública é esse *mundo comum* no qual todos podem ser vistos e ouvidos na sua singularidade existencial:

> O termo *público* significa o próprio mundo, *na medida em que é comum a todos nós*. Esse mundo, contudo, não é idêntico à Terra ou à Natureza como espaço limitado para o movimento dos homens e a condição geral da vida orgânica. Antes, tem a ver com o artefato humano, com o produto das mãos humanas, com os negócios realizados entre os que, juntos, habitam o mundo feito pelo homem. *Conviver no mundo significa essencialmente ter um mundo de coisas interposto entre os que nele habitam em comum.* (Arendt, 1989, p. 63, grifos nossos)

Assim, a esfera pública é constituída pelas obras da fabricação humana, pelo *trabalho* (*poiesis*).[2] Ora, se o *labor* se caracteriza pela produção de bens que serão consumidos imediatamente no próprio ciclo da subsistência, o *trabalho* visa produzir bens que permanecem para além de seu uso imediato. Se cozinhar pode ser um exemplo de labor, fabricar uma panela é trabalho, já que seu produto é uma obra que permanece no mundo e a este empresta durabilidade. Daí porque o mundo comum:

> [...] transcende a duração de nossa vida tanto no passado como no futuro: preexistia à nossa chegada e sobreviverá à nossa breve permanência. É isto o que temos em comum não só com aqueles que vivem conosco, mas também com aqueles que aqui estiveram antes e virão depois de nós. Mas esse mundo comum só pode sobreviver ao advento e à partida das gerações na medida em que tem uma presença pública. É o caráter público da esfera

pública que é capaz de absorver e dar brilho a tudo que os homens venham a preservar da ruína natural do tempo. (Arendt, 1989, p. 65)

Se o *labor* perpetua o *ciclo da vida*, atendendo a necessidades humanas; o *trabalho* busca a *permanência do mundo*, revelando sua criatividade. Mas a durabilidade desse artifício depende não só da existência de obras, como do reconhecimento público de seu pertencimento a um mundo comum. Uma catedral, um monumento ou uma mesa só podem vir a existir porque a fabricação humana retira a pedra ou a madeira do ciclo da natureza – que as gerou e as consumiria – e lhes empresta um novo uso e um *significado comum e compartilhado*. Uma mesa e uma catedral, se não forem reconhecidas como obras desse mundo comum, voltam a ser madeira e pedra, reintegrando-se ao ciclo de consumo da natureza e da vida. Daí por que serem as obras de arte, para Arendt, os mais mundanos dos objetos: almejam a transcendência que só existirá à medida que forem publicamente reconhecidas como tal. E só o serão se não se confundirem com objetos do consumo ou de uso diário.

Mas o mundo público é também onde os homens, liberados da necessidade da luta pela vida (*labor*), podem se encontrar para, juntos, criar e gerir, por seus atos e palavras, o *bios politikós*, ou seja, a dimensão pública e política de sua existência; a ação (*práxis*). Trata-se de uma terceira dimensão da existência humana, voltada não para a manutenção da vida ou para a produção de objetos, mas para a constituição de uma teia de relações humanas. Se o produto do *labor* é *algo a ser consumido* na necessidade de manutenção da vida, o do *trabalho* é *uma obra pertencente ao mundo*, e o fruto da *ação* é a *história humana*. Melhor seria dizer: as histórias dos atos e palavras por meio dos quais os homens, na singularidade de sua existência, mostram *quem* são.

A ação é, pois, a dimensão na qual podemos experimentar a *liberdade como fenômeno político*, ou seja, vivenciar a capacidade histórica de romper com os automatismos da reprodução social e criar o novo. Se o espaço público fosse simplesmente uma associação ampliada do privado, permaneceríamos no âmbito da *necessidade*, sem a experiência de criar em conjunto um *mundo comum* a todos. Daí por que, para Aristóteles, o *bem comum* é o ideal regulador da ação do Estado (da *polis*), segundo o qual se deve *agir* em busca do *interesse comum*.

Como se vê, a distinção entre essas dimensões da existência (a particular e privada e a comum e pública; a de suprimento das necessidades e as da criação e livre gestão do mundo) não era fruto de um conceito teórico, mas um reflexo da experiência da vida na *polis*, essa organização peculiar da Antiguidade, que marca etimologicamente nosso conceito de *política*. Nela, por exemplo, ser escravo designava menos uma condição econômica do que um *status* político de *privação*. Ao escravo era interditada a participação na esfera pública, logo, a possibilidade de, por seus atos e palavras, *revelar quem é*; de fundar e gerir, com outros cidadãos livres e iguais, corpos políticos autônomos; ser escravo era, portanto, estar *privado* da liberdade como experiência de ação política.

Ora, é essa experiência existencial de uma dicotomia que sustenta a necessidade de ambos os polos – o privado e o público –, assim como de sua separação em instâncias diferentes e complementares, que parece gradativamente se obscurecer no mundo moderno[3]. Alguns aspectos dessa indistinção nos são bem familiares e imediatamente identificáveis. São cada vez mais expostos assuntos e experiências que tradicionalmente eram preservados no âmbito privado – como a dor, o amor e a morte, que, por encerrarem os mistérios da existência, deveriam ser protegidos da luz pública. Tem-se, então, que, por um lado, a mídia eletrônica e a impressa fazem da vida privada de celebridades assunto comum e público; por outro, aquilo que deveria ser, a princípio, assunto comum e público – como a política ou a arte – passa progressivamente a ser tomado como uma opção individual, uma "questão de gosto; e gosto não se discute".

Há, contudo, uma dimensão menos perceptível dessa diluição de fronteiras, mas cujas consequências parecem ser ainda mais profundas. Trata-se do fato de que a atividade por excelência ligada ao âmbito do privado e da necessidade, o *labor* – e o consumo que o caracteriza na luta pelo ciclo vital – ganha progressivamente espaço e visibilidade no mundo público, engolfando as esferas do *trabalho* e da *ação*. Forma-se, assim, uma nova esfera, nem propriamente pública nem privada. Trata-se do que Arendt (1989, p. 57) denominou *esfera social*, caracterizada pela organização pública do próprio processo vital:

> [...] a sociedade é a forma na qual o fato da dependência mútua em prol da subsistência, e *de nada mais*, adquire importância pública, e na qual as atividades que dizem respeito à mera sobrevivência são admitidas em praça pública. (grifo nosso)

E assim, poderíamos acrescentar, expulsam da esfera pública aquilo que lhe era mais característico: a *ação política*. Ela se torna, na melhor das hipóteses, mera coadjuvante para o êxito da vida privada.

Desse modo, as atividades que dizem respeito ao labor – cuja meta é a busca pela sobrevivência, e o produto algo a ser consumido nessa busca – ganham importância crescente no mundo moderno, transformando-o em um espaço das atividades de manutenção da vida e de consumo. A própria expressão coloquial "ganhar a vida", ao ser usada como sinônimo de trabalhar, deixa patente que concebemos nossa atividade produtiva como um modo de perpetuar o ciclo da vida, uma luta pela sobrevivência – ou uma forma de gerar a opulência do consumo – e nada mais. Não se trata, pois, de *criar algo* cuja permanência o integrará – e indiretamente nos integrará – à durabilidade do mundo comum. Trata-se, antes, de um modo de garantir a própria vida e o bem estar da família, bens supremos da ordem "social".

Pense-se, ainda como exemplo, na estrutura espacial de nossas cidades. Cada vez menos são concebidas e utilizadas como um lugar comum, de reunião dos cidadãos, ou seja, como palco para a ação. Ao contrário, suas vias são projetadas para a circulação de bens e mercadorias; para o deslocamento de um transeunte que vai da esfera íntima do lar à esfera privada da produção ou da distribuição de mercadorias; frequentemente em um veículo próprio. E o ponto de encontro não é a praça pública, mas o *shopping center*; moldado não para abrigar a igualdade dos cidadãos, mas a diferenciação dos consumidores.

É claro que em uma organização social dessa natureza – uma sociedade de consumidores em um mercado de obsolescência – a noção de um *mundo comum* que transcende a existência individual, tanto no passado como no futuro, se esvai. O mundo deixa de ser um artifício comum a compartilhar entre gerações para, também ele, ser *consumido* no presente. Não se trata, em sua versão contemporânea, de uma negação do mundo em favor de uma busca de transcendência espiritual, como o isolamento de um monge ou de um eremita:

> A abstenção [...] das coisas terrenas não é, de modo algum, a única conclusão a se tirar da convicção de que o artifício humano, produto de mãos mortais, é tão mortal como seus artífices. Pelo contrário, esse fato pode também *intensificar o gozo e o consumo das coisas do mundo* e de todas as formas de intercâmbio nas quais o mundo não é concebido como *koinon*, aquilo que é comum a todos. A existência de uma esfera pública e a subsequente transformação do mundo em uma comunidade de coisas que reúne os homens e estabelece uma relação entre eles depende inteiramente da permanência. Se o mundo deve conter um espaço público, não pode ser construído apenas para uma geração e planejado somente para os que

estão vivos: deve transcender a duração da vida de homens mortais. (Arendt, 1989, p. 64, grifo nosso)

Desse modo, em uma sociedade de consumo estruturada na obsolescência de objetos, ideias e relações, o que homens têm em comum não é um mundo de significações, práticas e valores compartilhados, mas a fugacidade de seus interesses particulares. Daí porque, nessa ordem, o ideal regulador do Estado não é a noção de busca do *bem comum*, como em Aristóteles, mas a administração competente dos interesses particulares ou privados em conflito – o que significa a submissão da *ação política* ao *labor*.

Algumas das consequências políticas dessa transformação têm sido bastante exploradas e criticadas. O que nos interessa aqui apresentar são as profundas repercussões que esse modo de vida tem tido no que diz respeito às concepções dos sentidos político e social da formação educacional.

EDUCAÇÃO: DO SENTIDO PÚBLICO AO VALOR DO CAPITAL HUMANO

Iniciamos essas reflexões apresentando a hipótese de um declínio do sentido ético-político da educação. Voltemos, pois, nossas atenções às especificidades do impacto que essa crise, originariamente de natureza política, tem tido no campo da educação escolar. Para isso, retomaremos algumas das questões subjacentes ao paradoxo já anunciado: o que seria esse *sentido ético-político* que marcou o ideal humanista de educação? Como se operou seu progressivo desaparecimento? Como pode coexistir com a profusão de discursos que exaltam o valor e a necessidade da educação?

Em um texto em que examina a repercussão da crise do mundo moderno na educação, Arendt apresenta uma perspectiva conceitual cujas raízes remontam aos ideais humanistas de formação, forjados ao longo do Renascimento e incorporados por pensadores e educadores iluministas. Sua análise parte da constatação de que o nascer de cada ser humano apresenta sempre uma dupla dimensão: o *nascimento* e a *natalidade;* pois a criança é simultaneamente um novo ser na *vida* e um ser novo no *mundo*. O *nascimento* é a maneira pela qual a vida (a dimensão biofísica da existência) se renova e perpetua suas formas. Já a *natalidade* indica que cada ser humano, além de um novo ser na vida, é um ser *novo* em um *mundo* preexistente, constituído por um complexo conjunto de tradições históricas e realizações materiais e simbólicas às quais atribuímos utilidade, valor e significado.

Assim, o nascer de uma gata fêmea, tal qual o da fêmea humana, é um fenômeno da *vida*, já que ambas passam a participar da luta pela sobrevivência individual e pela continuidade cíclica da espécie. Mas a fêmea humana nasce simultaneamente para um mundo de artificialismos simbólicos e materiais: terá um nome de *mulher* (escolhido dentre vários das diversas tradições religiosas, étnicas ou estéticas de uma comunidade linguística), passará a ser vestida como uma *mulher* (de acordo com os símbolos de uma dada cultura: véus, vestidos, adornos femininos), aprenderá gestos e condutas que a fazem *se tornar* uma *mulher*, o que significa compartilhar símbolos culturais de identidade feminina. Uma gata nasce gata, enquanto uma fêmea humana terá de se constituir como *mulher*, por ser tanto um ser novo na *vida* como um novo ser no *mundo*.

Assim, a educação é o ato de *acolher e iniciar os jovens no mundo*, tornando-os aptos a dominar, apreciar e transformar as tradições culturais que formam a herança simbólica comum e pública. Se se tratasse de uma herança exclusivamente material, seus herdeiros se apossariam dela imediatamente, dados os trâmites legais. Mas, por se tratar de uma herança cuja significação social e o caráter simbólico são compartilhados, a única forma de termos acesso a ela e dela nos apropriarmos é a aprendizagem. Podemos herdar, de forma imediata, um quadro ou uma casa, mas não a compreensão do que representam ou os meios de construí-los, que precisam ser aprendidos. E procurar ensiná-los é a tarefa do educador.

O acolhimento dos novos no mundo pressupõe, então, um duplo e paradoxal compromisso por parte do professor. Por um lado, cabe a ele zelar pela durabilidade desse mundo comum de heranças simbólicas, no qual ele acolhe e inicia seus alunos. Por outro, cabe a ele cuidar para que os novos possam se inteirar dessa herança pública, integrá-la, fruí-la e, sobretudo, renová-la, posto que ela lhes pertence por direito, mas cujo acesso só lhes é possível por meio da educação. Como tão bem resume Arendt (1978, p. 247):

> A educação é o ponto em que decidimos se amamos o mundo o bastante para assumirmos a responsabilidade por ele e, com tal gesto, salvá-lo da ruína que seria inevitável não fosse a renovação e a vinda dos novos e dos jovens. A educação é também onde decidimos se amamos nossas crianças o bastante para não expulsá-las de nosso mundo e abandoná-las a seus próprios recursos, e tampouco arrancar de suas mãos a oportunidade de empreender alguma coisa nova e imprevista para nós, preparando-as, em vez disso, com antecedência para a tarefa de renovar um mundo comum.

O amor ao mundo a que se refere Arendt não implica sua aceitação acrítica, mas, antes, a constituição de uma relação de pertencimento e identidade, capaz de emprestar à futilidade e à brevidade da existência humana individual um lastro tanto em relação ao passado como ao futuro. Daí por que o desaparecimento da esfera pública e do mundo comum, com suas heranças e realizações históricas, pode representar uma grave ameaça:

> [...] estamos ameaçados de esquecimento, e um tal olvido [...] significaria que, humanamente falando, nos teríamos privado de uma dimensão, a dimensão da profundidade na existência humana. Pois memória e profundidade são o mesmo ou, antes, a profundidade só pode ser alcançada pelo homem através da recordação. (Arendt, 1978, p. 131)

A educação é, nessa perspectiva, um elo entre o *mundo comum e público* e os novos que a ele chegam pela *natalidade*. Nesse sentido, o ensino e o aprendizado se justificam não preponderantemente pelo seu caráter funcional ou pela sua aplicação imediata, mas pela sua capacidade *formativa*. Ora, é justamente essa sorte de compromisso público – com o mundo e com os novos – que tende à diluição na "modernização pedagógica" dos discursos contemporâneos. Neles, a educação tende a ser concebida como um investimento privado, o que explica, por exemplo, a vinculação que fazemos da qualidade da educação com o acesso às escolas superiores de elite e com o êxito econômico do indivíduo ou da nação. Vejamos, a título de ilustração, um exemplo influente desse ideário pedagógico que, ao mesmo tempo em que exalta a necessidade de educação, nela obscurece o significado político e público.

No final da década de 1990, o economista francês J. Delors, relator da Comissão Internacional sobre Educação para o Século XXI da Unesco, publica a obra *Educação: um tesouro a descobrir*. Traduzida para diversas línguas, suas pretensões são audaciosas: veicular "*a* concepção de uma nova escola para o próximo milênio" (grifo nosso) e fornecer "pistas e recomendações importantes para o delineamento de uma nova concepção pedagógica para o século XXI" (Cf. Delors, 2001). É muito pouco provável que qualquer outra obra recente no campo educacional tenha tido uma repercussão comparável.[4] Sua difusão ampla e influência marcante em políticas públicas não decorrem, porém, da originalidade de suas teses ou da profundidade de sua perspectiva.

Ao contrário, seu conteúdo, bastante trivial, é marcado por expressões vagas que mais se assemelham a *slogans* nos quais a força persuasiva da fórmula retórica parece substituir qualquer esforço reflexivo. Tomem-se como exemplo os famosos "quatro pilares da educação do século XXI": *aprender a conhecer, aprender a fazer, aprender a viver* e *aprender a ser*. Não obstante a anemia semântica dessas expressões, elas são apresentadas como diretrizes educacionais consensuais em uma infinidade de documentos de dezenas de países, inclusive no Brasil. Assim, sua força parece derivar da capacidade que têm em sintetizar uma perspectiva crescentemente adotada quanto ao que deve ser concebido como o *valor* da educação em nossa sociedade. E é nesse sentido que a obra nos interessa, como a marca de um programa que procura imprimir uma perspectiva econômico-utilitarista à educação.

Nela se afirma, por exemplo, que "as comparações internacionais realçam a importância do *capital humano* e, portanto, do investimento educativo para a produtividade" (Delors, 2001, p. 71 – grifo nosso). Assim, o ideal maior a ser almejado pela educação não é o da participação e da renovação de um *mundo comum e público*, mas o da obtenção de *competências* e *habilidades* para a produção em uma sociedade de consumo.

Claro que não se pretende que um sistema educacional se desvincule das necessidades da vida. O aspecto preocupante do consenso em torno dessa concepção de educação é que, nela, um dos âmbitos da atividade humana – *o labor* e seus produtos, cujo destino é o consumo no ciclo vital – acaba por dominar as esferas do *trabalho* e da *ação*. Assim, a produção para o consumo engolfa os âmbitos da criação de *obras*, cujos frutos emprestam durabilidade ao mundo, e da *ação* como exercício de liberdade política.

Note-se que essa supremacia do labor, da produtividade e do consumo nas metas educacionais não implica o abandono imediato da retórica acerca da formação do cidadão. Tampouco resulta necessariamente no desaparecimento de disciplinas e saberes tidos como integrantes de uma concepção humanista de formação, como a literatura, as artes ou a filosofia. Significa, antes, que mesmo esses ideais e saberes passam a ter outro papel, o de coadjuvantes na supremacia do labor, do mercado e do consumo.

No caso da concepção humanista – até há pouco a matriz e o princípio dos ideais republicanos de educação –, disciplinas e saberes escolares não se isolavam da *formação do Sujeito*, e esta, como destaca Lefort, era concebida a partir de uma nascente perspectiva histórica de atuação política. Os homens do Renascimento olhavam para si como *herdeiros da Antiguidade* e, nessa *dimensão histórica*, buscavam seu alimento espiritual e político:

> A cultura se dá, assim, na forma de um diálogo. Um diálogo com os mortos, porém com os mortos que, desde o momento em que são levados a

falar, estão mais vivos do que os seres próximos [...] são imortais e comunicam sua imortalidade àqueles que se voltam para eles aqui e agora. (Lefort, 1999, p. 212)

Por isso, o conhecimento dos feitos e palavras dos homens da Antiguidade era o alimento para a ação política "aqui e agora". Daí a noção de que o conhecimento continha, em si, a dimensão ética, a política e a estética, e sua busca não se justificaria como um *meio* para algo que lhe fosse extrínseco.

Ora, se hoje falamos de uma *sociedade do conhecimento*, é forçoso reconhecer que se trata de outra perspectiva, mesmo que por vezes recorramos aos mesmos termos. Os conteúdos passaram a ser concebidos "como meios para a constituição de competências e valores e não como objetivos do ensino em si mesmo" (Brasil, 2000). Não se trata de banir certos conteúdos, mas de vincular seu sentido ao desenvolvimento de certas características psicológicas e habilidades cognitivas tidas como necessárias pelos reclamos de uma sociedade de consumo:

> [...] o que os pensadores e gestores daquele modelo de ensino desconheciam é a necessidade – *hoje tornada explícita a partir do próprio sistema produtivo* – que as sociedades tecnológicas têm de que o indivíduo adquira uma educação geral, inclusive em sua dimensão literária e humanista [...]. (Brasil, 2000, grifo nosso)

Opera-se, assim, a substituição do *sentido* público e político da formação por seu *valor* de mercado. O que seria a iniciação em uma herança cultural pública – como a filosofia ou a poesia – passa a ser concebido como a transmissão de um *capital cultural privado*, cujo *valor* pode ser aferido a partir de seu impacto em outras dimensões da existência, em geral ligadas à produção ou ao consumo de novas mercadorias.

Sucede, então, com a atual experiência escolar, aquilo que Arendt afirmava ser característico da relação da sociedade moderna com os *objetos culturais*, mais especificamente com as obras de arte: elas deixam de ser objetos de culto, dotados de um sentido público, para serem concebidos como objetos portadores de um *valor* de distinção. E, assim, transformam-se em um:

> [...] meio circulante mediante o qual se compra uma posição mais elevada na sociedade ou se adquire uma "autoestima" mais elevada. Nesse processo, os valores culturais passam a ser tratados como outros valores quaisquer, a ser aquilo que os valores sempre foram, *valores de troca*, e,

ao passar de mão em mão, se desgastam como moedas velhas. (Arendt, 1978, p. 231, grifo nosso)

Ou seja, eles perdem a faculdade que originariamente lhes era peculiar: formar Sujeitos.

NOTAS

1 "O labor é a atividade que corresponde ao processo biológico do corpo humano, cujo crescimento espontâneo, metabolismo e eventual declínio têm a ver com as necessidades vitais produzidas e introduzidas pelo labor no processo da vida" (Arendt, 1989, p. 15).
2 Vários autores, dentre eles André Duarte, comentam, com razão, a fragilidade da escolha dos termos labor e trabalho para traduzir *labor* e *work*, sugerindo, respectivamente, trabalho e fabricação. Para facilitar a leitura, preferimos manter a tradução que consta nas edições brasileiras do livro *A condição humana*. O importante é ressaltar que Arendt usa o termo *work* como equivalente do grego *poiesis*, que indica a ação de fabricar, a confecção de um objeto artesanal, de natureza material ou intelectual, como a poesia. Da mesma forma, ação (*action*) visa traduzir o termo grego *práxis* – agir, cumprir, realizar até um fim –, usado nos campos ético e político. Assim, enquanto na *poiesis* o objeto criado e seu artífice são distintos e separáveis, na práxis, não, pois a ação revela quem é o agente.
3 A expressão mundo moderno é aqui utilizada na acepção estrita que lhe dá Arendt, referindo-se ao modo de vida que marca a experiência ocidental no século XX, já que a "era moderna", relativa aos séculos XVII e XVIII, também é marcada pela tentativa de restabelecimento de uma distinção entre as esferas pública e privada.
4 Segundo dados do buscador Google Acadêmico, ela é citada em quase 20 mil artigos.

5 "Democratização do ensino" revisitado*

INTRODUÇÃO

Em 1997, a disciplina Introdução aos Estudos da Educação[1] passou a integrar um programa de formação de professores ligado à Cátedra USP/Unesco de Educação para a Paz, Tolerância, Democracia e Direitos Humanos. Em uma reunião entre professores encarregados de propor uma nova ementa para a disciplina, sugeri a inclusão do artigo "Democratização do ensino: vicissitudes da ideia no ensino paulista". Ao tomar conhecimento do fato, algum tempo depois, o professor José Mário Pires Azanha, autor do artigo e então coordenador da Cátedra, fez objeções à sugestão. Argumentava tratar-se de um texto datado, cujo tema central não mais gerava polêmicas, pois o ensino fundamental de oito anos estava praticamente universalizado, e poucos eram os que ainda tinham restrições às políticas de promoção desse acesso maciço.

Na ocasião, não tive a oportunidade de lhe apresentar as razões que me levaram a crer que, contrariamente à sua opinião, não se tratava de um artigo datado. Talvez o próprio Azanha ignorasse que a forma pela qual abordara o tema central do artigo transcende a polêmica histórica e pode ser de grande interesse como estilo de investigação e análise de discursos pedagógicos. Em diversas outras ocasiões, cheguei a lhe apresentar argumentos nesse sentido, embora nunca de uma forma sistemática. Ele jamais se interessou pela discussão, reiterando sua posição de que só escrevera o artigo como uma resposta aos críticos da eliminação do exame de admissão.[2]

---
* Uma versão inicial deste texto foi publicada em: CARVALHO, J. S. F. "Democratização do ensino" revisitado. *Educação e Pesquisa*, v. 30, n. 2, p. 327-334, 2004.

Quando o artigo foi republicado na edição da revista *Educação e Pesquisa* que homenageou o Prof. Azanha, pareceu-me que era a ocasião propícia para defender a hipótese de que, mais do que uma resposta à polêmica do momento, "Democratização do ensino: vicissitudes da ideia no ensino paulista" é um modelo de análise do discurso educacional com alto potencial elucidativo. Se o tema da democratização do acesso ao ensino básico já não é recorrente, há novas tensões conceituais que subjazem aos consensos retóricos recentes: por exemplo, *qualidade de ensino, educação para a cidadania* e *defesa da escola pública*. Hoje, como quando "Democratização do ensino" foi escrito, expressões análogas foram "sacralizadas", ou convertidas em *slogans*, que tendem, como então, a obscurecer as complexas divergências conceituais e programáticas que estão em jogo.

"DEMOCRATIZAÇÃO DO ENSINO" E A POLÊMICA CONCEITUAL

É inegável que, embora tenham apenas pouco mais de 40 anos, as medidas que visaram promover o acesso universal ao ensino fundamental de oito anos[3] geram hoje pouca ou nenhuma polêmica. Já está consolidada a ideia de que o acesso a esse segmento da educação escolar é um direito subjetivo público que nenhum tipo de exame seletivo, como os de admissão então vigentes, pode impedir.[4] A polêmica que então mobilizou a comunidade educacional e a opinião pública parece ter se deslocado para outras esferas, notadamente para políticas públicas que visam à regularização do fluxo e à redução da evasão escolar, como a progressão continuada e o estabelecimento de ciclos em substituição às séries anuais. Curiosamente, entretanto, os argumentos contrários a essas políticas lançam mão de expressões e conceitos muito próximos – às vezes idênticos – aos então arrolados como críticas à democratização do acesso ao ginásio: o caráter "falsamente democrático" das medidas adotadas, a queda na "qualidade de ensino", a necessidade de uma "preparação prévia" tanto da infraestrutura como do corpo docente das escolas para fazer face aos novos desafios oriundos da mudança dos alunos, etc. Daí a relevância de se retomar o tipo de polêmica que gerou este capítulo e a forma pela qual ela é analisada.

Por exemplo, em 1 de dezembro de 1968, o editorial do jornal *O Estado de São Paulo* afirmou que, para que a medida da administração Ulhôa Cintra surtisse efeito, seria preciso que houvesse classes e escolas com "professores preparados" e que "as condições materiais fossem prévia ou simultaneamente criadas", sem o que haveria não uma "verdadeira democratização do ensino", mas uma "extensão formal da escolaridade" (citado em Azanha, 1987).

Lendo hoje essas afirmações, talvez fôssemos tentados a inferir que a natureza dos problemas em educação pouco mudou ou apenas se agravou; que o diagnóstico de então ainda é válido, mais de 40 anos depois, uma vez que já se debatiam a "qualidade da educação", a "formação adequada de professores" e as condições para a "verdadeira democratização do ensino". A recorrência dessas expressões pode levar a crer que há décadas perseguimos os mesmos objetivos – uma educação democrática e de qualidade – e temos os mesmos diagnósticos: faltam verbas, condições de trabalho e um esforço de formação de professores, capazes de responder aos desafios da escola contemporânea.

Não é o caso, para o propósito destas reflexões, de entrar no mérito de cada uma dessas complexas questões ou das alegações sobre a razão da constante – e em parte justificada – insatisfação em relação aos resultados da escolarização em nosso país. O que interessa frisar aqui é que, tal como diz Azanha em "Democratização do ensino", essa "unanimidade na superfície" (1987, p. 26) esconde as "divergências profundas acerca do significado" dessas expressões recorrentes no discurso educacional: "democratização do ensino", "qualidade da educação" e mesmo "uma sólida formação docente".

Nesse sentido, sua permanência histórica revela não uma apenas aparente persistência de um mesmo conjunto de problemas ao qual se vêm dando há décadas as mesmas soluções, mas antes o caráter francamente vago desse tipo de discurso, que tem obscurecido a compreensão da cambiante realidade escolar e impedido o afloramento de uma discussão mais clara sobre as profundas divergências de concepções programáticas que ele encerra.

É sobre essa hipótese que um retorno à "Democratização do ensino" pode ser promissor, transcendendo seu propósito imediato de defesa de uma política educacional específica. Ao explorar as *vicissitudes* da ideia de democratização do ensino, mais do que simplesmente tomar posição em face a uma política pública, Azanha aponta o caráter necessariamente *programático* dessas definições educacionais e o tipo de discussão que devem ensejar, se não quisermos nos confinar à superfície unânime da retórica educacional.

Trata-se, portanto, de reconhecer que o recurso a uma mesma expressão pode obscurecer não só importantes divergências teórico-conceituais, como a existência de políticas públicas e programas de ação alternativos e mesmo conflitantes. Tomemos como exemplo a noção de *educação de qualidade*, uma reivindicação tão antiga quanto unânime, pela qual os mais diversos segmentos sociais no Brasil se vêm manifestado há décadas. Mesmo ignorando a variação histórica e nos atendo a alguns atores e instituições sociais, é pouco provável que, por exemplo, a Fiesp e a CUT, o Estado e a família, os professores e os responsáveis por políticas públicas tenham, todos, a mesma expectativa quanto ao que poderia ser uma "educação de qualidade". E o mesmo se poderia dizer sobre o que leva a considerar que determinada ação educativa tenha essa qualidade desejável, ou seja, com que práticas e resultados a identificamos em uma ou em outra instituição.

Para uns, a "educação de qualidade" deve resultar na aquisição de diferentes "competências" que tornarão os alunos trabalhadores diligentes; para outros, líderes sindicais contestadores, cidadãos solidários ou empreendedores de êxito, pessoas letradas ou consumidores conscientes. Ora, é evidente que, embora algumas dessas expectativas sejam compatíveis, outras são alternativas ou conflitantes, pois a prioridade de um aspecto pode dificultar ou inviabilizar outro. Uma escola cujo objetivo maior – e, portanto, o critério máximo de "qualidade" – seja a aprovação no exame vestibular pode buscar a formação de classes homogêneas e alunos competitivos, o que evidentemente obsta a convivência com a diferença e reduz a possibilidade de se cultivar o espírito de solidariedade. Assim, as "competências" que definem a "qualidade" em uma proposta educacional significam fracasso – ou falta de qualidade – em outra.

Por outro lado, para certas correntes de pensamento, a própria ideia de que uma escola de "qualidade" deve desenvolver "competências" ou "capacidades" pode comprometer o mais alto ideal educativo, já que esses termos não implicam, em seu uso comum, um necessário compromisso ético, restringindo-se à "eficácia" da ação. Platão, por exemplo, argumenta nesse sentido em seu diálogo *Górgias*: um orador "competente" pode usar sua capacidade para persuadir uma comunidade a aceitar tanto uma "lei justa" como uma "lei injusta". A competência se mede, portanto, pela eficácia dos resultados. Mas o mesmo não vale para o cultivo de um valor moral. Pode-se dizer que alguém é [um orador] competente, mas usa sua competência para o "mal", embora não tenha sentido afirmar que alguém é "justo" para o mal, pois, nesse caso, ele seria simplesmente "injusto". Assim, para Platão, a ação educativa de "qualidade" é essencialmente de natureza política e ética, e não apenas eficaz no desenvolvimento de "competências" ou "capacidades".

Poderíamos multiplicar os exemplos e tornar ainda mais complexa a tarefa de definir o conceito de "educação de qualidade", mostrando como essa expressão pode descrever expectativas muito distintas não só no que diz respeito a seus resultados, mas também no que concerne aos meios para atingi-los. Para além de uma possível função elucidativa ou descritiva,[5] essas expressões e esses conceitos têm também um valor programático, pois a eles se vinculam ideais de práticas sociais para os quais se pede adesão ou com as quais se reitera um vínculo. Por isso, esses discursos sempre veiculam valores e metas que devem orientar um curso de ação. Nesse sentido, não se trata de desvelar o "verdadeiro" conceito de "qualidade de educação" – ou de uma "educação democrática" –, mas antes de confrontar as alternativas em função de suas implicações morais e das práticas educacionais que veiculam, que a elas se associam e para as quais se pede adesão. É, pois, somente quando se as discute no plano ético e político de seus pressupostos e de suas consequências que vêm à tona as profundas diferenças de cada opção.

O recurso a essas expressões, portanto, não visa apenas uma elucidação teórica ou conceitual, pois também fomenta práticas sociais. A diferença entre democratização do ensino como universalização de oportunidades e como cultivo da liberdade do educando não é apenas teórico-conceitual, pois, sobretudo, busca adesão a determinadas práticas sociais que se consideram mais valorosas.

O recorte analítico que Azanha (1987, p. 26-27) propõe em "Democratização do ensino" ressalta exatamente esse ponto: "a simples profissão de fé democrática não divide os homens [ou educadores brasileiros] [...] é nos esforços de realização histórica desse ideal que as raízes das posições e das divergências se revelam". Enquanto, para uns, a democratização se caracteriza por políticas públicas de abertura da escola para todos, para outros, ela decorre de práticas pedagógicas capazes de formar indivíduos livres.

Ora, é evidente que, ao explicitar as diferentes concepções subjacentes aos discursos aparentemente consensuais sobre a necessidade de "democratização do ensino", Azanha não procurava simplesmente marcar duas possíveis formas complementares de compreensão do problema. Ao contrário, sua análise histórica revela o caráter *alternativo* das práticas e dos princípios de ação que se proclamam favoráveis ao ensino democrático: "É claro que expandir universalmente as matrículas e instituir uma prática educativa especial poderiam eventualmente ser conjugados, mas a verdade é que, *historicamente*, pelo menos no caso de São Paulo, têm-se apresentado como opções que se excluem (Azanha, 1987, p. 36-37). Portanto, o conflito não se resolve pela simples adição desses que seriam dois "aspectos complementares" da democratização da educação.

Tampouco o fato de não ter havido compatibilidade histórica entre as duas ênfases[6] significa a impossibilidade lógica de sua conjugação. No entanto, como fica claro no decorrer do texto, ambas as correntes partem de pressupostos muito diferentes. A democratização concebida como uma prática pedagógica visa à formação de personalidades democráticas por meio do cultivo da "liberdade do educando". Nesse caso, a ênfase recai sobre certo tipo de relação pedagógica: aquela capaz de suprimir – ou pelo menos reduzir drasticamente – as hierarquias que historicamente marcam as relações pedagógicas entre professores e alunos, tidas como invariavelmente autoritárias. Essa concepção, largamente difundida à época e ainda hoje bastante corrente entre educadores, encontrou sua expressão mais forte na propagação de um fragmento da obra de Freire que acabou por se transformar em um *slogan* ligado ao movimento das pedagogias da autonomia: "Todo educador é um educando e todo educando é um educador".

Já nos detivemos antes no assunto (Carvalho, 2001), mas vale a pena retomar alguns pontos. Se pensarmos nos objetivos e mesmo no momento histórico em que surgiu essa ideia – ou seja, o conteúdo histórico e programático que procurou veicular –, é inegável que ela expressa um esforço louvável de respeito à cultura do educando. Nesse sentido, seu programa pode ainda guardar interesse para além do contexto que o originou. Mesmo no âmbito mais específico da educação escolar regular, a valorização do meio cultural de onde advêm os alunos, seus hábitos e seu modo de vida nem sempre têm merecido o devido respeito.

Assim, no que concerne a esse aspecto do conteúdo programático, pode-se afirmar que sua ênfase – a de que os homens são produtores e portadores de cultura, ainda que ela nem sempre coincida com a cultura valorizada na escola – tem um papel relevante no processo educativo. Sua difusão pode, portanto, ser valiosa em certos contextos específicos, nos quais a escola, talvez por força de sua história extremamente seletiva em nosso país, rejeite, por meio de práticas discursivas e não discursivas, as manifestações culturais que não coincidem com seu *ethos* específico. No entanto, nesse e em outros casos análogos, mais do que o símbolo de um movimento educacional, o *slogan* passou progressivamente a ser interpretado como uma doutrina literal e programática acerca das relações desejáveis entre professores e alunos, inclusive da educação básica. Por essa razão, é preciso analisá-lo também quanto a esse aspecto, já que ele nos remete a uma das correntes possíveis de "democratização do ensino".

Adotando a palavra *educador* em seu sentido mais amplo, a frase é sem dúvida verdadeira. O ato de educar, e mesmo o de ensinar, não é exclusivo de professores, mas tipicamente humano. Não há ser humano que jamais tenha ensinado algo a alguém ou que nunca tenha participado da educação de outra pessoa. No entanto, afirmar enfaticamente essa alternância ou equivalência dos papéis, sobretudo fora do contexto da educação de adultos em que foi pensada, tem levado ao obscurecimento de uma característica fundamental da relação pedagógica de um aluno com seu professor, mais ainda nos níveis fundamental e médio da escolaridade.

Se é fato que todos os seres humanos educam e ensinam a outros seres humanos, também é fato que o professor o faz não acidental ou eventualmente, mas como escolha de inserção profissional e social. Para nós, professores, educar por meio do ensino é mais do que uma contingência da condição humana – é uma escolha profissional que exercemos em instituições com regras, saberes e inclusive hierarquias que lhes são peculiares.

O próprio Paulo Freire, em alguns escritos posteriores, chegou a afirmar que sua visão não deveria implicar a abolição das responsabilidades e hierarquias próprias da instituição escolar. No entanto, a ideia de uma equalização como chave da "democratização" das relações escolares está implícita nessa formulação de que o educador é um educando e vice-versa. E, se essa tentativa de recuperação da responsabilidade e da hierarquia teve uma repercussão bem menor do que a formulação original, isso não foi um mero acaso ou uma distorção evitável, repousa sobre um pressuposto recorrente na obra de Paulo Freire: o de que as relações entre professor e aluno são relativamente análogas àquelas que regem ou devem reger as relações entre cidadãos. Pressuposto que alegadamente conferiria um caráter democrático às relações pedagógicas.

A ação educativa de Freire pretendia a inserção em um mundo político, era feita entre adultos e visava a plenitude da cidadania, para a qual o conceito de igualdade é absolutamente fundamental. No entanto, a transposição mecânica desse conceito e dos procedimentos e rituais do mundo político para o escolar parece ingênua e pode chegar a ser danosa às instituições escolares. Em uma sala de aula, assim como em uma família, os cidadãos têm papéis sociais distintos, e ignorar tal especificidade significa abolir um dos procedimentos que presidem o funcionamento dessas instituições.

Poderíamos dizer, analogamente, que "todo pai é um filho e que filhos provavelmente serão pais", mas a alternância e a igualdade potencial não abolem o fato de que, em determinado contexto, nos portamos como pais e, em outro, como filhos – que são papéis diferentes. A igualdade de pais e filhos como cidadãos não pode ser transferida para o seio da instituição familiar, sob pena de os pais descumprirem suas responsabilidades. O direito à participação nas decisões sociais em igualdade de condições tampouco é transposto de uma instituição para outra. E isso não demonstra autoritarismo, mas uma autoridade institucional – ainda que por vezes essa autoridade possa ser e tenha sido mal exercida ou exacerbada –, na compreensão de que duas esferas sociais distintas devem ter procedimentos também distintos.

Da mesma forma, a igualdade entre os cidadãos em face das leis, dos deveres e dos direitos da cidadania e do espaço político não pode ser transportada mecanicamente para o ambiente escolar. A relação pedagógica pressupõe diferenças que, no contexto escolar, se traduzem em uma certa hierarquia. Em parte, essas diferenças derivam do fato de que o professor tem certos conhecimentos que os alunos não têm – os conhecimentos que integram o ideal escolar de cultura. Estes, evidentemente, não são os únicos, tampouco uma síntese dos saberes universais. Sequer sabemos se são os melhores ou os mais importantes, mas são aqueles que compõem o currículo escolar, que integram as instituições em que trabalhamos e que de alguma forma valorizamos, escolar e socialmente.

Mas não é essa a única nem a principal razão da autoridade do professor. Sua autoridade – e consequente responsabilidade – deriva do fato de ele ser um agente institucional que inicia os jovens em uma série de valores, conhecimentos, práticas e saberes que são *heranças públicas* que uma sociedade escolheu preservar como parte de seus esforços pela renovação de um mundo comum de realizações simbólicas e materiais que caracterizam uma cultura (Arendt, 1978).

É claro que a escolha curricular dentre a diversidade dessas heranças, bem como as práticas pedagógicas de que nos valemos, reflete uma divisão desigual de poder dentro da sociedade. É igualmente evidente que ela é passível de críticas e reformulações. Aliás, a própria continuidade de cada uma e do conjunto dessas heranças culturais implica modificações, posto que tudo aquilo que é "vivo" – não só biológica, mas também socialmente – se modifica com o tempo. Mas elas sempre representarão as escolhas que o mundo adulto deseja transmitir às novas gerações. É nesse sentido que as escolhas implicam responsabilidade coletiva e a consequente autoridade da instituição e de seus agentes. Assim, a autoridade docente não é pessoal, mas institucional.

Ao professor, cabe esse papel de agente institucional responsável simultaneamente pela preservação de certos saberes, valores e práticas que uma sociedade estima e pela inserção social dos novos nessa parcela da cultura humana. Portanto, embora o professor ensine e aprenda, inclusive de seus alunos, e, no exercício do ensino, eduque e seja educado, o contexto institucional em que isso se dá não deve permitir que os papéis se confundam, tampouco pode implicar uma igualdade, como se o contexto político das relações entre cidadãos se reproduzisse de forma idêntica ou imediata no contexto escolar e entre professores e alunos.

Nesse sentido, a própria sugestão, tão amplamente aceita, de se substituir a palavra "professor" por "educador" também enseja ambiguidade quanto às funções específicas dessa classe profissional e dessa instituição. Educar não é um ato específico do professor ou da escola, mas pode ser e é levado a cabo por várias outras instituições sociais. Originalmente, é provável que seu emprego se tenha devido a uma tentativa de ênfase no fato inegável de que Freire não desejava a simples transmissão de uma capacidade técnica – no caso, de leitura e escrita. Ao contrário, a educação de adultos deveria incorporar a construção de uma forma de ver o mundo. Pressuposto, aliás, que não é menos verdadeiro para as escolas regulares. No entanto, um professor educa em um sentido amplo, que inclui valores, visão de mundo, enfim, uma forma determinada de agir e de se posicionar no mundo, mas sempre o faz *pelo ensino*, e em particular *pelo ensino dos conteúdos próprios das tradições públicas escolares*. Mas, a bem da verdade, o termo "professor" já indica tudo isso, posto que não se confunde com "instrutor" ou "treinador".

Mais uma vez, é aí que reside nossa especificidade e, diria ainda mais, a própria dignidade do trabalho docente. Um padre, uma rede de televisão, uma organização não governamental educam, mas o fazem a partir de interesses específicos e frequentemente privados ou restritos a um grupo específico de cidadãos. Os professores e as instituições públicas de ensino educam por meio do ensino de grandes tradições públicas – de capacidades como as de ler e escrever, de artes como a literatura, das ciências, enfim, pelo ensino de formas de saber e conhecimento cujo desenvolvimento se deve justamente ao caráter público tanto de seus resultados como dos critérios pelos quais os avaliamos e validamos.

Os objetivos da educação escolar seguramente ultrapassam a mera posse dessas informações, e mesmo a capacidade de produzir, reconhecer e apreciar a produção nessas áreas, posto que se dirigem também à formação de certos tipos de comportamento socialmente valorizados, mas sempre o fazem por essas formas de conhecimento – por meio de seu ensino. A desvinculação dos valores e objetivos educacionais das disciplinas e formas de conhecimento tipicamente escolares pode e tem levado professores a esvaziar suas palavras de sentido, tornando seu discurso frequentemente uma retórica moralista ou doutrinária.

Essa longa digressão pretende elucidar que o que está em jogo nessas discussões não são apenas dois aspectos distintos da democratização – a supressão da hierarquia e a universalização do acesso – que, se conjugados, se complementam. Ao contrário, são visões conflitantes sobre o papel da escolaridade na constituição de uma sociedade democrática. Na primeira, a democratização é concebida como atributo das relações pessoais entre professores e alunos, daí a crítica de Azanha ao fato de que, para tal concepção, a democracia como fenômeno político resultaria da simples reunião de "personalidades democráticas".

É claro que se podem pleitear relações escolares não autoritárias sem pôr em xeque a autoridade legítima e interna às instituições escolares. Até porque, como nos lembra Arendt (1978), onde se faz necessária a coação, a autoridade falhou, posto que uma relação de autoridade funda-se na confiança e na obediência voluntária, a exemplo de algumas relações entre sacerdotes e seus seguidores. Por outro lado, a concepção de que a democracia resultaria de uma modalidade de relação pessoal tem longa história em nosso país, como na concepção largamente difundida de uma "democracia racial" baseada em uma alegada harmonia ou cordialidade entre os indivíduos de diferentes origens étnicas.

O que tal visão obscurece é o fato de que, independentemente das relações pessoais, no plano social, brancos e negros, por exemplo, têm poder e direitos desiguais; que a exclusão sistemática a que estes têm sido submetidos impede nossa sociedade de ser democrática nesse aspecto. É nesse sentido que devemos entender a democratização da escola não como uma reforma pedagógica que visa alterar as relações pessoais internas à instituição, mas como uma política pública que visa ampliar o direito à escolarização. Por essa razão, não pode haver democratização do ensino sem esforços sistemáticos para o acesso e a permanência de todos na escola.

Mas é claro que o direito cuja universalização se reivindica não é simplesmente o da matrícula em um estabelecimento escolar. O objeto do direito é antes o conjunto de bens culturais públicos que cabe à escola difundir: os conhecimentos científicos, as linguagens e expressões artísticas, as práticas sociais e os princípios éticos a que conferimos valor, enfim, um legado de realizações históricas às quais atribuímos importância e das quais esperamos que as novas gerações se apoderem. Nesse sentido, a política de democratização do acesso à educação escolar propõe desafios pedagógicos, ainda que sua dimensão seja eminentemente social.

Além disso, o acesso universal à escola e mesmo a relativa equidade na distribuição dos bens culturais com que a identificamos não garantem seu compromisso com a promoção de uma "cultura da democracia". Basta lembrar, por exemplo, escolas de países como a antiga República Democrática Alemã, que, apesar de ter logrado a universalização do acesso e um alto nível de rendimento escolar, parecem não ter visado o cultivo de princípios e valores democráticos.

Assim, a democratização do acesso à escola enseja novos desafios para seu compromisso com uma sociedade democrática. Dentre eles, o da construção de meios pelos quais a educação escolar – por meio das práticas culturais que lhe são características – possa vir a concorrer para a difusão e o cultivo de princípios éticos e políticos vinculados a um modo de vida que tenha na liberdade e na democracia política e social seu compromisso maior.

Em outras ocasiões,[7] já tivemos oportunidade de sustentar que o ensino e o cultivo desses compromissos não resultam da exposição dos alunos a uma retórica que os enalteça e tampouco da simulação de rituais que imitem "pedagogicamente" a liberdade almejada para a esfera pública – ainda que essas práticas possam ter algum sentido educativo. Seu cultivo parece antes depender da convivência com professores e demais profissionais da educação que promovam essa forma de vida e, no curso de suas aulas e demais atividades educativas, no conteúdo de seus ensinamentos e em suas práticas pedagógicas reflitam esse compromisso (Carvalho, 2004a). Como afirma Oakeshott (1968, p. 72) acerca da possibilidade do ensino de certas qualidades intelectuais, "só um professor que cultive essas virtudes pode ensiná-las. Não é o grito, mas o voo do pássaro que faz com que o bando o siga".

CONSIDERAÇÕES FINAIS

A democratização do ensino muito deve às ações do professor José Mário Pires Azanha, não só por seus escritos, mas por sua luta por uma escola aberta à totalidade da população. Mas democracia não é um ponto a que se chega, é antes um processo que se vive. Por isso, Janine Ribeiro sugere que "talvez o melhor seja usar não o verbo ser, mas fazer para a democracia; talvez mais importante do que algo 'ser' democrático seja algo produzir, gerar democracia" (2001, p. 66). Assim, uma escola cujo acesso, gestão e compromissos educacionais sejam fundados nos ideais da democracia política e social exige de todos os envolvidos um constante esforço teórico de compreensão dessas diferentes dimensões e um esforço prático reiterado a fim de que sua ação fomente a igualdade de direitos e uma cultura de promoção dos valores e princípios democráticos.

NOTAS

1 Disciplina obrigatória para a maior parte dos cursos de licenciatura da Universidade de São Paulo e ministrada pela Faculdade de Educação (Feusp).
2 Até o final da década de 1960, cada Ginásio público do estado de São Paulo elaborava seu próprio processo seletivo: o exame de admissão. Tratava-se de uma prova eliminatória e, por vezes, altamente seletiva. Era aplicada aos alunos que haviam terminado o Primário (que corresponde ao que hoje vai do 2º ao 5º ano do Ensino Fundamental) e almejavam continuar os estudos. Em 1968, na gestão Ulhôa Cintra na Secretaria Estadual de Educação de São Paulo, os exames de admissão foram unificados e bastante facilitados, o que facultou à quase totalidade dos postulantes a entrada em um ginásio público. José Mário Pires Azanha era então Diretor da Instrução Pública e foi um dos idealizadores da medida, bastante polêmica, na época.
3 Hoje estendido para nove.
4 As estatísticas da época não são de todo confiáveis, mas, segundo relato do Prof. Azanha, a Secretaria da Educação estimava que, até 1968, menos de 20% das crianças em idade escolar chegavam à 1ª série do curso ginasial no estado de São Paulo. Seja qual for o número preciso, a massa de alunos impedidos de continuar seus estudos era significativa; tanto que as matrículas praticamente dobraram de 1967 para 1968.
5 Como ressalta Scheffler (1968), não é possível qualificar uma expressão como programática ou descritiva em abstração de seu contexto linguístico. Ademais, em um mesmo contexto, não é raro que uma definição ou uma expressão sejam simultaneamente programáticas e descritivas.
6 Vale ressaltar que as Escolas Vocacionais, adeptas dessa modalidade de pedagogia voltada para a autonomia do educando, gozavam de autonomia administrativa e não aderiram de imediato ao exame de admissão facilitado, mantendo assim seu caráter altamente seletivo.
7 Por exemplo, no Capítulo 2, "Cultura escolar e formação ética", que integra esta obra.

6 Considerações sobre as noções de erro e fracasso nos discursos educacionais*

INTRODUÇÃO

Em educação, como em quase toda prática social institucionalizada, há certas associações entre eventos que, de tão frequentes, acabam se ligando como se fossem causa e efeito de um fenômeno ou como se a presença de um fosse indício ou condição determinante da emergência do outro. Há casos em que estabelecer irrefletidamente uma ligação mecânica entre dois eventos ou estados pouco ou nenhum efeito prático tem para os agentes sociais envolvidos. Contudo, há outros em que suas consequências sociais ou individuais são de tal modo graves que convém examinar as bases em que repousa a presumida ligação. Esse é o caso da vinculação imediata entre as noções de *erro* e *fracasso* recorrentes nos discursos acerca do desempenho escolar.

O binômio erro-fracasso se apresenta à nossa mente quase como um substantivo composto, que frequentemente culmina na reprovação ou estigmatização do aluno. Está, assim, entre aqueles pares que podem vir separadamente, mas tantas são as vezes em que aparecem juntos, quando pensamos em educação, ensino e aprendizagem, que dão a impressão de ser companheiros necessários ou indispensáveis. Mas seria o erro um indício do fracasso no conhecimento e na aprendizagem, como se houvesse entre eles uma ligação de causa e efeito ou pelo menos uma correlação direta? Poderíamos não só dissociá-los, mas, por exemplo, sugerir outros pares como "erro e conhecimento" ou "erro e êxito"?

---
*Palestra apresentada aos professores da Rede Pública Municipal de Educação em agosto de 2005.

Talvez a muitos, erro e conhecimento ou erro e êxito não soe impossível, mas pelo menos estranho. No entanto, não são poucos os pensadores para quem o erro se associa a noções como *esperança, conhecimento* e *aprendizagem*. Não são necessariamente pedagogos modernos, professores permissivos ou reformadores educacionais, mas filósofos das mais diversas épocas e às vezes alheios à preocupação pedagógica que têm muito a dizer, posto que refletiram sobre o papel do erro no conhecimento, na aprendizagem ou em algum outro aspecto da conduta humana.

Demóstenes (citado em Bacon, 1979, p. 62-63), por exemplo, via no erro não um caminho para o fracasso ou para o desespero, mas antes uma razão para a esperança:

> O que no passado foi causa de grandes males deve parecer-nos princípio de prosperidade para o futuro. Pois, se houvésseis cumprido perfeitamente tudo o que se relaciona com vosso dever, e, mesmo assim, não houvesse melhorado a situação de vossos interesses, não restaria qualquer esperança de que tal viesse a acontecer. Mas, como as más circunstâncias em que se encontram não dependem das forças das coisas, mas dos vossos próprios erros, é de esperar que, estes corrigidos, haja uma grande mudança e a situação se torne favorável.

O próprio Bacon, em um de seus aforismos sobre ciência e conhecimento, assevera que "a verdade emerge mais rapidamente do *erro* do que da confusão" (Bacon, 1979, p. 127, grifo nosso), e o filósofo britânico Gilbert Ryle (1979, p. 22) alerta para o caráter processual da aprendizagem, com uma pergunta simples e desconcertante:

> O fato de que o aluno não mostrou nenhum sinal de progresso ontem ou hoje é absolutamente compatível com um possível progresso na semana ou no bimestre seguinte. As sementes, de fato, germinam lentamente. Os músculos demoram a enrijecer. Você conseguiu nadar logo em sua primeira aula de natação? Caso você não o tenha conseguido, isso significa que você nada aprendeu nessa aula?

"Erro e esperança", "erro e verdade" ou "erro e aprendizagem" são apenas alguns dos pares possíveis, e com eles pretendemos mostrar que o automatismo da ligação entre erro e fracasso pode vir antes de uma associação mecânica e muitas vezes preconceituosa do que de uma relação causal que se traduziu em uma máxima difusa dos discursos pedagógicos.

Quando associamos erro e fracasso como se fossem causa e consequência, sequer percebemos que, enquanto o erro é um dado e, em tese, algo objetivamente detectável e às vezes até indiscutível, o fracasso é fruto de uma interpretação desse dado, uma forma de o encararmos, e não a consequência necessária do erro. Um erro pode ser interpretado de diversas formas. Por exemplo, em face de uma mesma prova contendo o mesmo erro, professores diferentes provavelmente fariam interpretações e avaliações diferentes: enquanto um vê um deslize sem maior importância, outro vê uma falha grave.

Assim, o primeiro ponto que devemos pôr em questão é a própria noção de que o erro é inequivocamente um indício de fracasso. O segundo, ainda mais intrigante, é que, curiosamente, o fracasso é quase sempre o fracasso do aluno. Nessa reflexão, proponho que a constatação de um erro não indica, de imediato, que não houve aprendizagem, e tampouco sugere inequivocamente fracasso, seja da aprendizagem ou do ensino.

Há erros de diversos tipos, que podem levar a diferentes interpretações. Além disso, para que haja aprendizagem, concorre uma enorme variedade de fatores. Alguns deles são nossos velhos conhecidos, mas há outros cuja complexidade mal vislumbramos. Ainda assim, ignorando os múltiplos fatores que intervêm na aprendizagem, temos feito diagnósticos pretensamente precisos e taxativos que invariavelmente ligam o erro do aluno a seu fracasso, como se esse fosse um caminho simples, invariável e de mão única, o que seguramente não é o caso.

TIPOS DE ERRO E SUAS POSSÍVEIS INTERPRETAÇÕES

> *Evitar erros é um ideal pobre; se não ousarmos atacar problemas tão difíceis que o erro seja quase inevitável, então não haverá crescimento do conhecimento. De fato, é com as nossas teorias mais ousadas, inclusive as que são errôneas, que mais aprendemos. Ninguém está isento de cometer enganos; a grande coisa é aprender com eles.*
>
> Karl Popper

Considerando o erro no contexto da aprendizagem escolar, temos de enfrentar primeiramente o fato de que com frequência designamos "erro" pelo menos dois tipos de problema completamente diferentes e que, no entanto, são tratados indiscriminadamente. Uma resposta errada a um problema ou a uma questão pode significar duas coisas totalmente distintas: a ignorância, a confusão ou o esquecimento *de um dado* ou de *uma informação* ou a ignorância ou o malogro de uma *operação*, pela tentativa frustrada da aplicação de uma regra ou de um princípio na resolução de um problema.

Um exemplo claro do primeiro caso é a resposta errada – ou a falta de resposta – a uma pergunta como "qual é a capital de Alagoas?". Já um exemplo do segundo é uma resposta total ou parcialmente equivocada de uma pergunta como "que relações podemos estabelecer entre o índice pluviométrico, a latitude, o relevo e a temperatura do litoral de Alagoas?". No primeiro caso, queremos saber se o aluno *sabe que* Maceió é a capital de Alagoas, ou seja, se ele reteve uma informação que o professor considera, adequada ou inadequadamente, relevante. Já no segundo, não se trata exatamente da busca por uma informação, mas de uma tentativa de averiguar se o aluno *sabe fazer* algo, se ele sabe estabelecer relações entre dados, apontar causas e consequências a partir deles.

Analisando os diferentes significados do verbo "saber", Ryle (1968) destacou que, às vezes, ele indica *a posse de uma proposição* que acreditamos ser verdadeira, como *saber que* Maceió é a capital de Alagoas ou *saber que* a Independência do Brasil foi proclamada em 1822, e, às vezes, ele não diz respeito à posse ou à apresentação de uma informação, mas ao desempenho em uma *habilidade ou capacidade*, como *saber ler*, *saber resolver* uma equação, etc. Embora pareça trivial, essa distinção é fundamental para compreendermos os desafios pedagógicos de um professor e a natureza dos objetivos na aprendizagem escolar e, consequentemente, para reavaliarmos as expectativas e as relações entre *erro*, *avaliação*, *êxito* e *fracasso*.

Assim, vale a pena determo-nos um pouco nesse duplo uso da noção de "saber", para depois voltar à questão do erro. Uma pessoa pode, por exemplo, saber inúmeros fatos sobre o jogo de futebol; quando e como começou, que regras presidem suas práticas e mesmo os princípios que devem ser observados ao chutar uma bola parada. Isso não faz dela alguém que *sabe jogar* futebol, ainda que ela *saiba que* o futebol se joga em tais ou quais condições, observando-se tais ou quais regras ou princípios. No limite, ela pode até ser, por razões físicas, impedida de chutar uma bola. O fato de conhecer um conjunto de proposições verdadeiras sobre o futebol não implica que alguém *saiba jogar*.

Por outro lado, é possível – e muito provável – que um exímio jogador de futebol tenha poucas informações desse tipo, excetuando-se, evidentemente, o conhecimento básico das regras do jogo. Uma pessoa pode, por exemplo, chutar com perfeição uma bola ao gol, sem ser capaz de descrever em proposições como o faz, sem deter "verdades" sobre a "fisiologia do chute". Dizer que alguém *sabe jogar* futebol não significa, portanto, afirmar que ele tem conhecimento de certo número de proposições verdadeiras acerca da teoria e dos princípios da prática do futebol, mas que ele tem um *certo desempenho* ao qual atribuímos uma avaliação positiva; significa que ele *sabe fazer* algo. E, nesse caso seria, inclusive, bastante duvidoso que aulas sobre a fisiologia do movimento tivessem alguma repercussão em seu desempenho...

Poderíamos ser tentados a afirmar, no entanto, que as coisas assim se passam no plano de uma atividade esportiva, como o jogo de futebol, mas que não seria esse o caso do desenvolvimento de capacidades e conhecimentos intelectuais e morais mais tipicamente escolares, como o ensino e a aprendizagem de disciplinas curriculares ou de atitudes exigidas na escolaridade. No entanto, há exemplos análogos também nesse campo.

É possível saber de cor todo o alfabeto ou mesmo a escrita de uma dezena de palavras específicas sem que realmente se saiba ler e escrever. É possível ter decorado com perfeição nomes e regras gramaticais de uma língua estrangeira sem que se saiba falar bem tal língua, assim como é possível falar e escrever bem em uma língua sem um amplo domínio teórico de suas regras gramaticais ou de sua fonética. É possível saber uma série de proposições acerca da obras de filósofos ou mesmo de sua vida e doutrina, sem que se saiba filosofar ou, pelo menos, distinguir um pensamento filosófico rigoroso de um argumento falacioso ou inconsistente. Da mesma forma, pode-se ser um especialista em filosofia moral, conhecer todos os imperativos categóricos de Kant e não saber tomar uma decisão eticamente louvável mesmo em uma situação banal, assim como ter discernimento ético não implica a posse de enunciados acerca de máximas morais. Não queremos, com essa observações, afirmar que não haja nenhuma relação entre a posse de uma teoria – ou o conhecimento de regras – e um desempenho prático. Trata-se apenas de ressaltar que não há implicação lógica entre uma forma de saber e outra, mas uma variedade de relações possíveis entre elas.[1]

Uma das consequências dessa distinção entre os usos do verbo "saber" é o fato de que a informação é um componente do conhecimento, mas é, por si, insuficiente. Por essa razão, o objetivo do ensino de qualquer disciplina sempre ultrapassa a mera memorização de informações e mesmo das regras e dos casos exemplares de que o professor inevitavelmente se vale para transmitir um conteúdo qualquer. Avaliamos o êxito de qualquer ensino não pela capacidade de reprodução que o aluno tem do que lhe foi apresentado como informação ou caso exemplar, mas por sua capacidade de construir soluções próprias para novos problemas, mesmo que para isso ele recorra àquilo que lhe foi colocado como caso exemplar, ou seja, às "soluções canônicas" que lhe foram apresentadas em aula.

Esse é um preceito básico que adotamos em quase toda relação de ensino e aprendizagem, mas que curiosamente com frequência esquecemos quando se trata do ensino e da aprendizagem escolar e, sobretudo, de sua avaliação formal. Jamais ensinamos uma criança a decorar todas as possíveis combinações de horas, minutos e segundos de um relógio e nem consideramos que ela já sabe ver as horas em um relógio analógico se decorou algumas ou mesmo muitas combinações. Dizemos que ela sabe ver as horas quando é capaz de, por si própria, aplicar o conhecimento prévio a uma situação nova. E o mesmo vale para virtualmente qualquer campo do saber humano, por mais complexo ou amplo que ele seja. No entanto, a maior parte das provas e dos instrumentos de avaliação se concentra fundamentalmente na busca de informações, como se nosso saber fosse redutível a um saber exclusivamente proposicional (saber *que...*).

É evidente que, em toda capacidade, em todo saber fazer, partimos de certas proposições, de certas informações sem as quais a resolução de um novo problema é impossível ou pouco provável. No caso, por exemplo, da questão em que se pede para um aluno relacionar índice pluviométrico, ventos e temperatura, é preciso que tais dados estejam disponíveis para o aluno no próprio exercício ou em sua memória. Relacioná-los pressupõe conhecê-los, assim como saber ler as horas pressupõe conhecer os números com que são representadas.

Mas a questão principal é que ensinamos tais dados menos por seu valor isolado do que pela possibilidade de eles levarem o aluno a um tipo de raciocínio, a uma *forma de pensar e compreender o mundo* pela *operação com conceitos e procedimentos de uma área do saber*. Por exemplo, ensinamos a uma criança que o relógio marca sete horas e vinte minutos não para que ela reconheça isoladamente essa posição dos ponteiros, mas para que saiba aplicar esse conhecimento a qualquer outra hora. Em síntese, nós a ensinamos para que ela desenvolva autonomia no desempenho de certas *capacidades*.

Ora, se não somos simplesmente transmissores de informação, mas professores preocupados sobretudo em desenvolver nos alunos capacidades,[2] é preciso que tenhamos clareza acerca da distinção entre meros *erros de informação* e *problemas no desempenho de capacidades*. E uma das primeiras e principais distinções deve repousar justamente na diferença entre errar ou ignorar uma informação e desenvolver um raciocínio ou uma operação de forma parcial ou completamente equivocada, bem como nos procedimentos adequados à correção ou à superação de cada uma dessas duas situações.

Podemos, por exemplo, dizer que uma informação é correta ou incorreta, sem referência absolutamente necessária ao contexto de seu uso ou de quem a usa. Afirmar que Recife é a capital de Alagoas é uma informação errada.[3] Se alguém assim afirmar, podemos dizer que não sabe qual é a capital daquele estado. Mas o quadro pode mudar muito se nos referirmos a uma capacidade. É verdade que há casos em que podemos identificar se uma pessoa tem ou não uma capacidade em termos absolutos. Esse é o caso, principalmente, das "capacidades fechadas", como as designa Passmore (1984, p. 40):

> Podemos distinguir uma "capacidade aberta" de uma "fechada" pelo fato de que esta última permite, ao contrário da primeira, um domínio total. Tomemos como exemplo a capacidade de contar. Dados um ensino adequado e um mínimo de inteligência, qualquer um pode aprendê-la, de tal forma que não tem sentido alguém dizer que sabe "contar melhor" que o outro, talvez possa fazê-lo mais rapidamente, mas não melhor.

Assim, se nos referimos a uma capacidade fechada – como saber contar, saber fazer o caminho de casa à escola, etc. –, pode ter sentido afirmar que uma pessoa "sabe" ou "não sabe" *fazer* algo, sem considerar expectativas, contexto ou nível de desempenho. Mas esse não é o caso quando se trata de uma "capacidade aberta" como ler, escrever, resolver problemas matemáticos, interpretar textos e a maior parte das atividades do ensino escolar. Nesses casos, nossa capacidade sempre pode ser melhorada, e nunca podemos avaliar o desempenho em abstração do contexto e das pessoas envolvidas.

Imaginemos a seguinte pergunta dirigida a uma pessoa: "Você fala inglês?". Agora, suponhamos três situações: um turista desesperado na rua procurando seu hotel, uma entrevista de emprego e uma conferência no exterior. É perfeitamente razoável que uma mesma pessoa possa responder "sim" ao turista, dado que possui algum conhecimento do idioma, "razoavelmente" a seu entrevistador, dado que seu conhecimento é suficiente para aquele emprego, e "não" a um pedido para dar uma conferência em inglês.

Isso nos mostra que a avaliação de uma capacidade aberta não prescinde de certos dados que nos situem em relação a quem a desempenha ou ao contexto em que ela é desempenhada. Não podemos usar o mesmo critério para dizer de alguém que ele "sabe escrever" se está na 1ª série do ensino fundamental, na universidade ou em um concurso literário. Em cada uma dessas situações, a noção de "saber escrever" tem um conjunto de critérios diferente. Avaliar o desenvolvimento de uma capacidade requer que se saiba o grau de desempenho prévio do aluno, o nível de seu progresso e, sobretudo, a pertinência de dadas exigências em face das possibilidades e necessidades reais desse aluno. Trata-se de algo notadamente diferente de apontar um erro de informação.

Isso tudo faz com que tenhamos que repensar tanto a própria ideia do que seja um erro como sua consequência na aprendizagem. Uma informação errada pode e deve ser retificada, mas a avaliação do *desenvolvimento de capacidades* não comporta com precisão e em termos absolutos o certo ou errado, ainda que possa estar aquém ou além do que esperamos. Em avaliações escolares, sempre é o caso de distinguirmos se o erro é um equívoco de informação ou de cálculo ou se, ao contrário, é um erro de raciocínio ou de aplicação de princípios e regras. Ainda neste último caso, é necessário ponderar em que medida – para aquele segmento da escolaridade, para aquela faixa etária, para os objetivos da disciplina em questão e para as expectativas que temos como professores – tal ou qual erro no desempenho é ou não relevante.

No entanto, essa expectativa em relação ao desempenho não pode ser abstrata, no sentido de ser fixa e independente das condições reais dos alunos ou de suas possibilidades de progresso. Ela não deve ser estabelecida *a priori*, mas sim resultar de uma avaliação das condições concretas em que se encontram os alunos. Um desempenho é classificado como satisfatório ou não dependendo das variáveis do contexto. É assim, por exemplo, que avaliamos o desempenho de um jogador de futebol no campo da esquina e na copa do mundo. Nossos critérios para avaliar a gravidade do erro ou a excelência do desempenho em capacidades são variáveis, e é preciso que o sejam, tanto no futebol como na escola.

Por isso, é necessário, a partir dessa diferenciação entre o erro como ignorância ou equívoco em relação a uma informação e o erro como falha ou insuficiência no desempenho de capacidades, examinar melhor a própria noção de erro na aprendizagem, bem como sua eventual superação. Um erro de informação é corrigido com a informação correta ou com o preenchimento de sua falta. Mas e no caso das capacidades? Em face de um desempenho considerado não exitoso ou insuficiente, bastará fornecer mais informações, novas regras e princípios?

Em primeiro lugar, é preciso destacar que apontar uma aplicação inadequada de uma regra ou princípio claramente formulado pode ser uma situação educativa privilegiada. Ela contém um elemento precioso: um contexto em que uma regra ou um princípio abandonam seu caráter abstrato e ganham vida em um exemplo, pois desvela seu sentido quando é aplicada por uma comunidade cultural. O aluno, por sua vez, tem a oportunidade de testar e avaliar as aplicações de conceitos, procedimentos, regras e informações, adequando-os à "gramática" de uma atividade, capacidade ou habilidade. É pela crítica à aplicação – total ou parcialmente inadequada – que logramos compreender e operar com um conceito como "vírus", que aprendemos a aplicar a fórmula de Bhaskara ou a interpretar poemas e textos de filosofia; sempre a partir de uma prática criticada e autocriticada.

O desempenho de uma capacidade – de um *saber fazer* – exige mais do que a posse de informações e o conhecimento das regras enunciáveis que a regulamentam. Regras e princípios são sempre gerais e exigem um novo elemento – o *discernimento* –, que nos capacita a escolher e aplicar, em cada caso concreto, a norma necessária ou princípio adequado.

Em sua atuação prática, um advogado, por exemplo, precisa mais do que do domínio das leis e sanções previstas em um código em forma de *informação* e de um conjunto de regras acerca de sua aplicação. O êxito de seu desempenho exige o *discernimento* das leis que melhor se aplicam a um caso particular, da ligação entre as circunstâncias concretas do caso com o previsto nas informações, das peculiaridades que sugerem um caminho entre tantos possíveis. Um jogador de xadrez precisa conhecer e respeitar as regras sobre o movimento de cada peça, mas recorre ao *discernimento* para escolher uma dentre as inúmeras possíveis jogadas.

O discernimento diz respeito, pois, aos elementos tácitos do conhecimento, que não são passíveis de ser enunciados em novas regras ou em itens isolados sob a forma de proposições. Pensando no papel do discernimento nas relações entre ensino e aprendizagem, Oakeshott (1968, p. 164-175) assim o caracteriza inicialmente:

> [o discernimento] é o conhecimento que nos capacita a interpretá-la [a informação], a decidir sobre sua importância, a reconhecer que regra devemos aplicar e a descobrir que ação permitida pela regra devemos executar, dadas as circunstâncias; em suma, o conhecimento capaz de nos conduzir por sobre os amplos espaços abertos contidos em cada capacidade e nos quais nenhuma regra rege. Porque as regras são sempre disjuntivas. Especificam apenas um ato ou uma conclusão de um determinado tipo geral, e nunca nos desobrigam da necessidade de escolha [...]
> O discernimento, então, não deve ser concebido, simplesmente, como um tipo diferente de informação; seus ditames não podem ser particularizados, especificados em proposições, não se recordam nem se esquecem [...] É tudo aquilo que vai além do ponto em que desaparecem as regras críticas e os métodos e tudo o que se exige para extrair dessas regras preceitos adequados.
> [...] é aquilo que, quando aparece unido à informação, gera o conhecimento ou a "capacidade" de fazer, executar, compreender e explicar. É ser capaz de pensar, não de pensar de qualquer maneira, mas de pensar apreciando as considerações atinentes aos diversos modos de pensamento. Evidentemente, isto é algo que deve ser aprendido; não pertence ao aluno por obra e graça da natureza.

Trata-se, por conseguinte, de uma noção de alto valor para se pensarem os objetivos do ensino escolar e do papel do erro e da crítica na aprendizagem. Afinal, em um contexto de formação escolar, a leitura de uma obra literária, por exemplo, exige muito mais do que a decifração mecânica dos caracteres e das palavras ou a capacidade de recontar uma sucessão de eventos. Requer o desenvolvimento de certo "discernimento literário" para se sensibilizar com o tema abordado, para se abrir à experiência estética evocada pelo texto ou vislumbrar analogias que lhe dão novos sentidos. Sua apreciação requer, assim, uma série de quesitos que não são formuláveis em regras ou proposições, mas cuja ausência inviabiliza a compreensão e a apreciação literária. E o mesmo se passa com outras disciplinas, linguagens e práticas integrantes da cultura das instituições escolares.

O discernimento resulta, portanto, em independência e capacidade de ajuizamento daquele que aprende – características que estão entre os principais objetivos da escolarização. À informação, que poderia ser simplesmente um peso morto do passado, o discernimento confere o caráter de uma herança viva em que o aluno é iniciado. Mas, se o discernimento não constitui um conjunto de informações ou proposições, como pode um professor ensiná-lo? Se ele não é diretamente transmissível por meio de informações, como desenvolvê-lo em uma situação pedagógica?

Não há respostas exaustivas para tais questões, e capacidades diferentes exigem diferentes formas de ensino. Mas há pelo menos alguns pontos gerais importantes, ao considerarmos o desenvolvimento de capacidades e conhecimentos que nos interessam em função do tema "erro" e "fracasso". Dado que cada área do saber humano, cada capacidade a ser aprendida e desenvolvida tem sua própria linguagem, seus próprios princípios de operação e critérios de avaliação, enfim, seus próprios *modi operandi*, é razoável pensar que a assimilação da forma de aplicação e dos critérios de avaliação de cada capacidade ou modalidade de conhecimento seja igualmente variável, bem como as estratégias de ensino.

Poderíamos afirmar, no entanto, que o ensino de capacidades em geral tem um núcleo básico de estratégias docentes como a transmissão de certas informações fundamentais, o exercício em casos exemplares e, em larga medida, *o exemplo* de uma *forma de lidar com determinados tipos de problema*. A interpretação de um texto literário, por exemplo, requer informações sobre o próprio texto e o contexto em que foi escrito, análises canonizadas e também as próprias vivências e preocupações do professor, que dá aos alunos um modelo. Mas é fundamental lembrar que os alunos só aprenderão a interpretar textos interpretando textos, ou seja, por meio de suas próprias *tentativas* e também por meio dos *erros* que inevitavelmente cometerão na aplicação desses princípios e critérios, só que em face de um *novo problema* ou *desafio*.

É assim que, *grosso modo*, procedemos para ter domínio de uma capacidade ou conhecimento – seja jogar futebol, falar uma língua estrangeira, fazer uma pesquisa científica ou aprender a escrever. Somos capazes de, em alguma medida, dominar essas capacidades ou melhorar nosso desempenho, entre outras coisas, porque, ao fazer essas coisas por conta própria, nos damos conta de nossos *erros* ou *insuficiências* e, a partir dessas tentativas e do *exame crítico* dos *erros*, desenvolvemos nosso *discernimento* quanto a formas e critérios que regem uma determinada capacidade em particular.

Assim, por exemplo, aprendemos a falar nossa língua. Por ser um dos mais importantes processos de iniciação de uma criança no mundo cultural e social, o domínio da língua, verbal e escrita, é um ótimo exemplo do que acabamos de dizer. Tratando-se de uma capacidade aberta, seu domínio nunca é completo – sempre pode ser aperfeiçoado. Em grande medida, começamos com uma imitação mecânica, mas, pouco a pouco, tentamos novos usos, palavras e combinações de palavras que eram até então desconhecidas. E o domínio das formas linguísticas também se amplia porque, a cada vez que erramos, nos damos conta, pela correção ou pela reação dos outros, de que a forma que usamos não foi correta ou apropriada. Seu domínio exige informação (por exemplo, sobre o significado das palavras), regras, enunciadas ou não (como as que regem a formação de frases em uma língua), e discernimento (a fim de adequar o grau de formalidade ao contexto e ao interlocutor, por exemplo).

Assim aprendemos constantemente a ampliar nosso domínio de uma língua. Nossos interlocutores nos apontam, direta ou indiretamente, erros e insuficiências, o que não nos transforma em "falantes fracassados", mas em "falantes em constante aprimoramento". A busca de novas formas de resolver nossos problemas de comunicação implica a tentativa de caminhos que nem sempre se mostram corretos imediatamente. O crescente discernimento no uso da língua, a ampliação de vocabulário e a correção nas construções só são possíveis porque agimos por meio de *tentativas, erros* e *avaliação crítica* de novos usos, até o ponto em que o que um dia nos foi impossível torna-se viável.

A escola deve ser o lugar por excelência das tentativas para resolver problemas seguidas de um exame crítico feito pelo professor. Se é verdade que aprendemos com qualquer pessoa, é inegável que os professores e as escolas têm no ensino e na aprendizagem não uma meta eventual, mas sua própria razão de ser. E a finalidade precípua de qualquer ato pedagógico é a promoção da aprendizagem, e não a mera identificação e enunciação de supostos "fracassos". Assim, o erro que decorre de tentativas de operar com novos conceitos e procedimentos tem um papel fundamental, posto que é a partir de seu exame crítico que o aluno desenvolve o discernimento no desempenho de uma capacidade. Nessa perspectiva, o professor é um agente institucional que incorpora cânones, procedimentos e critérios de capacidades e disciplinas. Em seu contato com a produção dos alunos, inicia-os nessas capacidades, em larga medida mostrando-lhes também *o que não fazer, o que não é aceitável* dentro dos critérios específicos de uma disciplina.

Não devemos, pois, ter uma visão excessivamente romântica e psicologizante, que ignora ou não atua sobre erros e inadequações, sob o pretexto vago de deixar a criatividade e as regras "brotarem" e serem construídas, como se o domínio de uma capacidade fosse um "caminho natural do desenvolvimento criança". Ele não é natural, mas adquirido pelo aluno por meio de suas tentativas, exitosas ou não, e do contato com aqueles que já têm maior domínio da capacidade em questão. Apontar um erro ou uma inadequação não significa "podar a criatividade", nem decretar o fracasso, mas sim instrumentalizar o aluno a adquirir uma capacidade que não podemos pressupor que tenha.

Na verdade, boa parte do trabalho de um professor consiste, e deve consistir, em mostrar que certos caminhos não são bons para se chegar onde se quer. Para Gilbert Ryle (1968, p. 116), deveríamos pensar no ensino de procedimentos, critérios e métodos de operar com capacidades como:

> [...] uma instrução inicial que leva os alunos a evitarem pântanos específicos, ruas sem saída, procedimentos perigosos, ensinando-os a reconhecê-los como tais. Capacitá-los a evitar problemas, desastres, incômodos e esforços em vão é ajudá-los a moverem-se para onde eles querem mover-se. As placas de trânsito, em sua maioria, não existem para impedir o trânsito de fluir. Elas existem como proibições que evitam o impedimento do trânsito.

Portanto, a correção de erros no caminho da resolução de um problema ou na tentativa de aplicação de um procedimento não é necessariamente classificadora de fracassados e não fracassados. Pode – e, em um contexto escolar, deve – ser "sinal regulamentador" que leva o aluno a criar seu próprio caminho, a se mover a partir de seus desejos, razões e motivos e a expressar a singularidade de seu ser pelo domínio de nossas linguagens e heranças comuns.

Como vimos, o *discernimento* no desempenho de *capacidades*, objetivo fundamental de qualquer disciplina, é adquirido a partir da efetiva prática e do confronto com suas dificuldades. Muitas vezes, é a partir da constatação de um raciocínio falacioso, de uma rima vulgar, de um procedimento de eficácia questionável que logramos desenvolver os critérios pertinentes a cada uma dessas áreas. E é nesse sentido que, visto como uma oportunidade de ensino, o *erro* se associa com *esperança, conhecimento e êxito*, e não com fracasso.

ATRIBUIÇÕES DE FRACASSO

> *Uma crise só se torna um desastre quando respondemos a ela com juízos pré-formados, isto é, com preconceitos. Uma atitude dessas não apenas aguça a crise como nos priva da experiência da realidade e da oportunidade por ela proporcionada à reflexão.*
>
> Hannah Arendt

Não basta vislumbrar a possibilidade ou a pertinência de, em nosso trabalho cotidiano como professores, associarmos o erro não ao fracasso, mas ao próprio processo de aprendizagem. É preciso perceber que, mais do que uma possibilidade, essa perspectiva é, hoje, uma forma de compromisso político. O fracasso escolar, que tem sido quase invariavelmente concebido como o fracasso do aluno em face das demandas escolares, é hoje provavelmente o maior empecilho à democratização das oportunidades de acesso e de permanência da grande massa da população nas escolas. É também a expressão de nossa incapacidade de fazer da escolaridade uma experiência formativa em diálogo com a cultura letrada. Trata-se, pois, do maior sintoma de crise de nossas escolas.

E tal crise tem sido desastrosa não só pelo número inaceitável de alunos reprovados ou com desempenho escolar insatisfatório, mas também porque a ela temos respondido de forma invariável e preconceituosa, imputando quase sempre ao aluno e a seu entorno a causa do fracasso. As poucas tentativas que se têm feito para escapar a esse julgamento em geral atribuem o fracasso a outras condições, exteriores à escola. É claro que desconsiderar os condicionantes extraescolares no rendimento do aluno seria uma perspectiva ingênua e até inaceitável, em face das evidências hoje disponíveis acerca da correlação entre nível socioeconômico, escolaridade dos pais e desempenho escolar, por exemplo. No entanto, insistir na exclusividade ou na preponderância desses fatores exógenos seria, por outro lado, negar qualquer valor ou eficácia ao ensino escolar.

A atividade de ensino e o processo de aprendizagem em uma instituição escolar envolvem uma enorme série de variáveis. A simples análise da lógica triádica – ou bitransitiva – implicada na noção de "ensinar" nos revela a complexidade dos fatores envolvidos. Ao comentar esse aspecto ligado à "lógica" do uso do conceito, Passmore lembra que, sempre que empregamos a noção de "ensino", temos em mente, explícita ou implicitamente, três elementos: *alguém que ensina* (no caso das instituições escolares, um professor), *algo que é ensinado* (uma disciplina ou capacidade constante do currículo escolar) e *alguém a quem se ensina* (os alunos).

Dizemos que um ensino logrou êxito quando *o que se ensina* foi aprendido por *aquele a quem se ensina*. Avaliamos, portanto, o êxito no ato de ensinar quando algo acontece fora dele – no aluno que aprende –, ainda que possivelmente em função do ensino. O mesmo se passa com o fracasso ou o malogro do ensino: seu resultado observável é a ausência ou a insuficiência, manifestada pelo aluno, do que foi aprendido. Em ambos os casos, é na *produção do aluno* que se afere o grau de êxito[4] do esforço de ensinar algo a alguém. Como quem nos indica sempre o êxito ou malogro de nossas intenções de ensino é o *aluno*, por meio de sua produção, em um raciocínio no mínimo falacioso, é a ele que atribuímos invariavelmente *a causa* do fracasso, já que lá reside sua manifestação concreta. É como se disséssemos que o pobre é a causa da pobreza, já que é nele que ela se manifesta concretamente.

Se o ensino invariavelmente inclui esses três elementos, é razoável cogitar que, quando não há aprendizagem, a causa pode estar em *qualquer um dos três* ou em uma *combinação entre eles*, e não *só naquele a quem se ensina*. É verdade que não há aprendizado – ou este tende a ficar severamente prejudicado – se aquele *a quem se ensina* não deseja aprender ou é relapso em qualquer sentido ou por qualquer motivo. Mas também não deixa de ser verdade que o problema pode residir fundamentalmente *naquele que ensina* ou, ainda, *naquilo que é ensinado*, bem como em diferentes combinações entre tais elementos ou nos complexos condicionantes institucionais que circunscrevem o ato de ensinar.

Quem de nós, professores, nunca se viu em uma situação em que nos empenhamos sinceramente em aprender alguma coisa e não tivemos êxito imediato, fosse porque o que nos foi ensinado ultrapassava nossas possibilidades de apreensão naquele momento ou porque quem tentou nos ensinar não encontrou formas de fazê-lo que nos propiciassem êxitos mínimos que estimulassem a continuidade? Não se trata, como veremos, de procurar culpados ou de deslocar a responsabilidade de um polo a outro, mas de reconhecer que o aprendizado resultante de um ensino escolar é um fenômeno complexo, que não tem causas únicas e invariáveis.

Ainda que nem sempre respaldadas por investigações confiáveis, as causas que imputam o fracasso àqueles *a quem ensinamos* são bem "familiares": preguiça, despreparo, indisciplina, condições familiares e de vida, e assim por diante. Raramente nos ocorre, no entanto, que *aquilo que ensinamos* pode ser inadequado a quem estamos ensinando (o grau de dificuldade, por exemplo, pode estar além da possibilidade de apreensão dos alunos ou ele pode exigir conhecimentos prévios que eles não têm). Por outro lado, ainda é plausível considerar que, a despeito de nossos possíveis esforços, a forma pela qual ensinamos pode não ser a melhor ou a mais adequada àqueles alunos.

Acredito que todas essas reflexões sejam capazes de nos levar pelo menos a questionar preceitos que identificam automática e inequivocamente erro e fracasso e atribuem esse fracasso a carências do aluno, seja qual for o tipo de carência em questão. Mas há ainda outra perspectiva desse problema, cuja abordagem é, em certo sentido, menos técnica e que demanda um outro tipo de justificativa. Deveríamos nos perguntar qual é o significado de um índice de reprovação de 20, 30, 40% ou mais, ou o que revelam os atuais índices de analfabetismo funcional. Que um quarto ou quase metade de nossos alunos não são capazes ou não estão preparados para o que lhe oferecemos ou que nossas expectativas e formas de atuar não estão condizentes com nossos alunos reais?

A viabilidade da primeira hipótese, de que nem todas as crianças estão preparadas, são capazes ou merecem continuar a escolaridade é condicionada por outra premissa, não de natureza pedagógica, mas política: a de que a escola é *para alguns*. Eventualmente, essa pode ser a escolha de uma sociedade, mas é bom que ela fique clara e seja formulada como tal. Até há bem pouco tempo, o direito de voto era restrito a homens e proprietários. A decisão de estendê-lo a outras camadas da população foi uma conquista que exigiu grandes transformações em nosso quadro político. Analogamente, a decisão de que a escolaridade fundamental deve ser estendida a toda a população não é uma questão estritamente pedagógica, mas política (Azanha, 1987). Aceita a premissa de que todos têm direito à escolarização fundamental, o que é um preceito constitucional em nosso país, a questão que se nos coloca é como viabilizá-la da melhor maneira possível, organizando a experiência escolar de modo a torná-la uma iniciação significativa em aspectos relevantes de nossa cultura.

Mas esse tipo de questão não permite uma abordagem exclusivamente técnica, como se a resposta residisse em um conjunto de medidas didáticas. Ela não decorre necessariamente de uma visão estreitamente pedagógica ou psicológica da criança ou do processo de aprendizagem. Por trás dela, há um compromisso de política educacional que a anima: o ideal de que todos os cidadãos tenham direito ao acesso e à permanência na escola básica. Nossa escola básica tem de ser uma escola para todos. Até porque o critério de seleção e exclusão não é menos perverso se fundado em expectativas abstratas quanto ao nível de desempenho do aluno do que se fundado nos antigos critérios de nobreza do sangue, de poder econômico, de origem étnica ou qualquer outro. A exclusão é, em si, perversa, independentemente das bases em que pretensamente a fundamos.

Sem a clara compreensão desse valor que deve animar as práticas educacionais, não há medida política ou estratégia pedagógica capaz de concretizar a formação educacional básica de todas as crianças no Brasil. Dentre outras coisas, a forma pela qual um professor interpreta e trabalha o erro ou a inadequação de uma produção do aluno não pode ignorar o compromisso com o ideal de uma escolaridade fundamental para toda a população. Se não bastassem todas as razões apontadas aqui para que o erro seja um dado a trabalhar e não um indício (na maior parte das vezes, equivocado) do fracasso do aluno, essa razão do compromisso político já seria suficiente.

A partir dela, isoladamente, já seríamos capazes de nos dar conta de que a repetência e a evasão são evidências *de um* fracasso – não exatamente do aluno, mas das instituições escolares, que têm sido incapazes de lidar com os segmentos da população a que se dirigem. Nesse sentido, fracassamos todos nós: os que ensinam, os que são ensinados e os demais integrantes dessa sociedade. E fracassamos não só em dar ao indivíduo que teve acesso ao ensino fundamental uma oportunidade de seguir seus estudos, de obter um diploma ou de se inserir em um mercado de trabalho – essas são apenas algumas das faces da ação educativa, ainda que importantes. A exclusão escolar em seu segmento básico materializa também – e sobretudo – o fracasso de toda uma geração já adulta em iniciar as novas gerações nas disciplinas, capacidades e valores que julgamos fundamentais, portanto, *básicos, comuns* e *necessários a todos*. O que é um enorme fracasso. Não do aluno, mas de todos nós.

NOTAS

1 Como também se discute no Capítulo 3, "Teoria e prática na formação de professores", que integra esta obra.
2 Uma clara indicação de que nossa tarefa não se limita à transmissão de dados é o fato de que, apesar de termos tecnologia suficiente, não transformamos a escola em um simples retransmissor de informações, a partir, por exemplo, de aparelhos técnicos de retransmissão de dados (computadores, terminais de recepção de imagens, etc.), o que seria, seguramente, bem mais barato. Podemos até utilizá-los, mas o professor é insubstituível, posto que a pertinência, a adequação e a compreensão do significado da informação exige o discernimento de um professor.
3 Mesmo em um caso como esse, a correção da informação pode ter alguma ligação com o contexto histórico. A informação de que o Rio de Janeiro ou Salvador é a capital do Brasil é correta ou não dependendo da época em que é enunciada. No entanto, a avaliação de uma capacidade depende muito do contexto, e não é circunstancial como o exemplo.
4 Deixo de lado aqui, deliberadamente, uma questão complexa que mereceria uma análise mais detida. Ao avaliar o aprendizado de um aluno por meio de uma prova ou de um trabalho, tomamos como pressuposto que esses são instrumentos confiáveis para tal fim, o que nem sempre é o caso. Azanha (2006, p. 139), por exemplo, destaca que "provas e trabalhos escolares não são instrumentos de medida no sentido canônico da expressão, mas simples meios auxiliares que subsidiam a avaliação pessoal que o professor faz da aprendizagem do aluno. A utilização de um instrumento de medida, por mais simples que este seja, somente será adequada se houver clareza sobre a propriedade ou qualidade cuja magnitude se pretende medir [...] Ora, na imensa maioria das vezes, na avaliação educacional, o professor nem mesmo se propõe questões a respeito da validade e da precisão das provas ou dos trabalhos escolares que aplica".

7 Reflexões sobre o discurso pedagógico das diretrizes curriculares para o ensino médio*

A Resolução nº 3/98 do Conselho Nacional de Educação, que instituiu as Diretrizes Curriculares Nacionais para o Ensino Médio, e o Parecer nº 15/98 que a ela se refere são documentos amplos, que abordam uma enorme diversidade de problemas e apresentam propostas e perspectivas muito variadas. Esses documentos abrangem desde a veiculação de perspectivas éticas, estéticas e políticas até a sugestão de procedimentos e competências que devem integrar a base comum nacional dos currículos. Por essa razão, restringiremos essas reflexões a dois aspectos pontuais do discurso pedagógico desses documentos: o *desenvolvimento de competências* básicas como objetivo fundamental da escolarização e a *interdisciplinaridade* como proposta de organização curricular.

Ao lado de temas como a contextualização, esses tópicos integram o núcleo de um tipo de discurso pedagógico cuja análise e debate podem trazer esclarecimentos relevantes para professores e instituições escolares em um momento de transição. Assim, paralelamente às normatizações relativas a certas diretrizes de política educacional, a Resolução e o Parecer veiculam também uma perspectiva pedagógica que visa reformar ou substituir práticas pedagógicas que qualificam como "inadequadas" às novas demandas educacionais, sociais e econômicas. No entanto, tal como se apresentam nesses documentos, essas sugestões ensejam interpretações diversas e até conflitantes. Por essa razão, parecem exigir não só esforços para a elucidação de seus possíveis significados, como uma análise crítica mais detida e cautelosa de suas relações com os objetivos e valores presentes na Lei de Diretrizes e Bases da Educação Nacional de 1996.

---

* Uma versão inicial deste texto foi publicada em: CARVALHO, J. S. F. O discurso pedagógico das diretrizes curriculares nacionais: competência crítica e interdisciplinaridade. *Cadernos de Pesquisa*, v. 112, p. 155-165, 2001.

Embora só recentemente tenham sido incluídos na legislação e em documentos oficiais, os dois tópicos de que se trata não são propriamente novos no discurso pedagógico. Ao contrário, o ideal de uma organização curricular interdisciplinar, que pretensamente romperia a fragmentação das disciplinas escolares – ditas "estanques" e "isoladas" –, bem como a ideia de que a escola deva se voltar prioritariamente para o desenvolvimento de capacidades em vez de para a transmissão de informações, já integra os discursos e o ideário de renovação pedagógica há algumas décadas. Suas origens remontam pelo menos à Escola Nova e às perspectivas educacionais construtivistas ou sociointeracionistas veiculadas sobretudo a partir dos anos de 1930.

Mas, não obstante esses ideais terem tido, ao longo desses anos, ampla difusão e mesmo uma adesão bastante generalizada nos discursos pedagógicos e nas teorias educacionais, o que se constata é que, no âmbito prático, eles não têm produzido efeitos visíveis ou consideráveis, a não ser em um ou outro caso isolado. As razões desse hiato entre a aceitação discursiva desses ideais e sua não concretização em práticas pedagógicas têm sido objeto de uma série de reflexões, ainda que raramente apoiadas em pesquisas empíricas confiáveis. Em geral, tais reflexões apontam a relutância de professores em inovar suas práticas, a inadequação da formação docente ou a cristalização de uma burocracia escolar como alguns dos principais fatores que impediriam ou dificultariam a efetivação de mudanças desse tipo, já que elas parecem ser consideradas desejáveis inclusive por boa parte dos próprios professores e pelos demais agentes institucionais do ensino.

Embora esses fatores possam ter alguma relevância para a discussão, há outro tipo de problema envolvido em iniciativas de veiculação de perspectivas educacionais, como as propostas na resolução do CNE, que raramente têm recebido a devida atenção. Trata-se do fato de certos ideais educacionais e procedimentos pedagógicos veiculados por documentos de políticas públicas de educação frequentemente lançarem mão de conceitos, imagens e expressões que passam imediatamente a se constituir em elementos centrais do discurso das instituições escolares, sem que sua significação prática ou teórica – e suas implicações operacionais – sejam objeto de uma análise mais detida ou pelo menos tenham um significado claramente compartilhado pelos atores sociais envolvidos.

Assim, o discurso pedagógico dessas instituições acaba se tornando um conjunto de expressões e conceitos tão "sagrados" quanto vagos e ambíguos, instaurando um consenso retórico vazio de significações e incapaz de veicular perspectivas que possam ter alguma relevância na transformação ou mesmo na compreensão de nossas ações e políticas educacionais.

Assim, o que deveria ser "um conjunto de definições doutrinárias sobre princípios, fundamentos e procedimentos a serem observados na organização pedagógica e curricular de cada unidade escolar", como aponta o artigo 1º da Resolução, acaba se reduzindo a um conjunto de *slogans* educacionais[1] cujo possível significado para o contexto escolar ou eventual repercussão prática permanecem tão obscuras quanto inócuas. Nesse sentido, expressões como "desenvolvimento da capacidade de aprender e continuar aprendendo, da autonomia intelectual e do pensamento crítico", apontadas na Resolução como "competências básicas", não passam de mero jogo retórico das instituições escolares, paradoxalmente muito parecido com o tão criticado "verbalismo da escola tradicional", cuja crítica parece ter ensejado muitas das sugestões presentes nesses documentos.

Tomemos, a título de exemplo, o ideal de desenvolver no aluno a competência do "pensamento crítico". Dificilmente encontraríamos entre professores e demais profissionais da educação quem se opusesse à ideia de que essa deveria ser uma das principais metas da escola contemporânea. Ao contrário, em livros didáticos, propostas pedagógicas e mesmo em discursos difusos de professores e instituições escolares, em que pesem outras enormes divergências, o ideal do desenvolvimento do "pensamento crítico" há algumas décadas parece ser praticamente unânime. No entanto, esse aparente consenso parece se dissipar completamente se examinarmos, em cada caso, o que seria "desenvolver o espírito crítico" de um aluno ou qual deveria ser o papel dos conteúdos escolares e das práticas pedagógicas nesse desenvolvimento.

Em uma proposta curricular de geografia (São Paulo, 1992) publicada no início da década de 1990, por exemplo, o "pensamento crítico" identifica-se com uma linha de investigação ou "método" determinado: o materialismo dialético. Segundo essa perspectiva, poderíamos inferir, por exemplo, que o domínio desse "método" ou, no caso escolar, dos conhecimentos dele oriundos, significaria o desenvolvimento do "pensamento crítico". Embora quase caricato, esse exemplo mostra a vagueza e o uso caricatural que esse e outros termos parecem adquirir em certos discursos educacionais.

Acredito que, qualquer que seja a concepção de pensamento crítico em Geografia, é inaceitável que essa capacidade se desenvolva como produto da aplicação de um método específico, seja ele qual for, ou que ela se identifique com a posse de um tipo singular de discurso ou de uma determinada visão de mundo, seja ela qual for. Qualquer método de trabalho pode ser aplicado mecanicamente, assim como é possível se relacionar dogmaticamente com qualquer discurso ou visão de mundo.

Em uma obra fundamental para esse tipo de discussão, John Passmore ressalta que o desenvolvimento do pensamento crítico em um aluno não só não se confunde com a posse de determinadas informações, como tampouco se identifica com o mero desenvolvimento de uma habilidade como a aplicação de um método de análise. Ainda que a posse de informações e as habilidades discursivas e de raciocínio lógico sejam, em sua visão, condições importantes para o desenvolvimento de um pensamento crítico consistente, elas não são suficientes. Dentre outras razões, porque habilidades e competências são capacidades para opostos:

> Um médico pode usar sua habilidade tanto para matar quanto para curar. Analogamente, um *expert* na detecção de falácias pode usar sua habilidade para ocultar falácias em seu próprio discurso, ao desviar delas nossa atenção. (Passmore, 1984, p. 168)

Já o objetivo de se desenvolver o pensamento crítico em um contexto educacional, segundo Passmore, não só expressa preocupação com o ensino de certas habilidades ou competências, mas aponta necessariamente o cultivo de um conjunto de características e valores que se manifestam em nossa forma de conceber, agir ou analisar fatos e discursos. Nesse sentido, o cultivo do "espírito crítico" está mais próximo do desenvolvimento de um traço de caráter – ou de uma virtude intelectual – do que do conteúdo de disciplinas ou "competências". Assemelha-se mais à formação de "espírito de solidariedade" ou de "apreço pela justiça" do que de "competências" como ler ou resolver problemas lógicos. Isso porque capacidades e competências são axiologicamente neutras e, uma vez desenvolvidas, podem ser bem ou mal aplicadas ou utilizadas ("Fulano usa sua 'competência retórica' para o mal"). Já de virtudes intelectuais e morais podemos dizer que foram – ou não – suficientemente desenvolvidas ou cultivadas, mas nunca bem ou mal aplicadas. Por isso, não há um mau uso da solidariedade ou do espírito crítico, embora ambos possam estar ausentes ou ser insuficientes em determinada situação.

Uma importante decorrência dessa constatação é que um ensino direcionado para o desenvolvimento do pensamento crítico dependeria, em larga medida, de uma exposição sistemática a exemplos de práticas críticas que levassem os alunos a apreciar seu valor e buscar o cultivo e o aperfeiçoamento desses traços em suas próprias atividades. Isso porque a formação para virtudes – intelectuais ou morais – parece resultar menos da instrução do que do exemplo e da convivência. Daí a importância do convívio do aluno com professores capazes de exercitar seu pensamento crítico inclusive em relação a métodos e informações presentes em livros didáticos ou propostas curriculares.

Outra interpretação, talvez menos ingênua do que a desse guia curricular, mas ainda mais difusa e problemática, do ponto de vista escolar, parece contrapor – de forma mais ou menos radical –, o desenvolvimento da capacidade crítica ao ensino de teorias e conteúdos escolares, como se fossem procedimentos alternativos. O exame dessa perspectiva é particularmente interessante para uma avaliação de possíveis interpretações da Resolução do CNE, posto que esta, no inciso I do artigo 5º, afirma que as escolas devem organizar seu currículo tendo "presente que os conteúdos curriculares não são fim em si mesmos, mas *meios básicos para constituir competências* cognitivas ou sociais, *priorizando-as sobre as informações*" (Brasil, 1998a, grifos nossos).

Mais uma vez, não se trata de uma novidade no discurso pedagógico. A ideia de que deveríamos dar prioridade a capacidades em relação a conteúdos está presente em muitos autores que, como Dewey, criticaram a noção de que a educação consistiria na transmissão de um corpo de conhecimentos deslocando a ênfase da ação educativa para o desenvolvimento do pensamento crítico, da experimentação individual ou da resolução de problemas, em uma abordagem muito próxima à da Resolução.

Essa ênfase pode até ser interessante, se o que se pretende é ressaltar que, no contexto escolar, as informações e os conhecimentos não devem ser apresentados em abstração dos meios pelos quais se desenvolveram, acumularam e foram criticados, aperfeiçoados ou substituídos. Mas, na verdade, a própria noção de ensino escolar, em oposição à de doutrinação, por exemplo, já pressupõe que exponhamos aos alunos as razões ou os procedimentos que nos levaram a acreditar em determinada teoria ou a proceder de certo modo e não de outro. É também evidente que o ensino desses procedimentos e modos de pensar que caracterizam os diferentes ramos de conhecimento presentes nos currículos e instituições escolares é mais importante que a mera transmissão de uma ou outra informação isolada ou de um hábito qualquer.

No entanto, a ideia de que nosso objetivo deveria ser o desenvolvimento de uma capacidade abstrata chamada "pensamento crítico", em relação à qual qualquer conteúdo ou procedimento é apenas um *meio*, é no mínimo muito problemática, senão absurda. Há tantos tipos de "pensamento crítico" quanto tipos de conhecimento. É perfeitamente possível – e muito frequente – que uma pessoa tenha capacidade crítica em um campo determinado e não em outro. Um grande crítico de arte pode ser absolutamente acrítico em termos políticos ou em suas relações pessoais. A capacidade crítica que podemos desenvolver em um ou outro campo não se dissocia do conhecimento que temos dele. Por outro lado, a transferência e a aplicação de uma capacidade como essa a outro campo é um assunto complexo e ainda muito obscuro.[2] Assim, embora seja possível acumular conhecimentos sem desenvolver capacidade crítica, não é possível desenvolver capacidade crítica sem ter conhecimentos e informações. Parodiando Kant, *conteúdo sem crítica é cego, mas crítica sem conteúdo é vazia* – e tende a se degenerar em mera contestação barata.

Ademais, a crença corrente de que a capacidade crítica seria uma característica a ser fomentada em abstrato no indivíduo parece desconsiderar o fato de que os procedimentos críticos pelos quais aderimos a uma ideia ou a revisamos a partir de descobertas ou perspectivas novas obedecem a *critérios públicos*, incorporados e inscritos nos próprios padrões de avaliação e cânones de um modo de pensamento. Nesse sentido, desenvolver um espírito crítico não se separa da iniciação nos conteúdos e *modi operandi* das próprias disciplinas que ensinamos, porque significa compartilhar princípios, valores e procedimentos de uma comunidade cultural. Os procedimentos críticos adequados às diferentes áreas e modos de pensamento não são produtos privados de mentes individuais, que possam ser estimulados ou aplicados indistintamente. São procedimentos historicamente desenvolvidos em solidariedade com os próprios conteúdos dos diferentes ramos do conhecimento que integram o currículo escolar.

Por essas razões, não podemos conceber o professor "como um operador desinteressado que está promovendo algum tipo de resultado – o desenvolvimento da capacidade crítica ou da inventividade – em outra pessoa que lhe é exterior. Sua tarefa é a de tentar levar os outros para uma *forma pública de vida* da qual participa e que considera valiosa" (Peters, 1968a, p. 107, grifos nossos). E a única forma legítima pela qual ele, no papel de professor, promove essa iniciação em certas tradições públicas é o ensino de informações, capacidades, valores e hábitos que constituem os conteúdos escolares e que são considerados valiosos pelas instituições escolares.

Assim, seu compromisso não se reduz, como parecem sugerir essas abordagens excessivamente psicologizantes do ensino, ao desenvolvimento de certos traços de personalidade ou a capacidades a ser indistintamente aplicadas à resolução de problemas práticos e futuros. Ao contrário, em uma perspectiva escolar, o zelo pelo aprendizado e pelo desenvolvimento do aluno não se separa do zelo pelos valores e pelos conhecimentos que caracterizam certo modo de vida no qual pretendemos iniciar nossos alunos por meio do ensino. Se não fosse assim, as instituições escolares pouco ou nada difeririam de outras instituições sociais, como as igrejas, os meios de comunicação de massas ou as famílias, cujas ações também podem resultar no desenvolvimento de certas capacidades.

Muito do que sugerimos ser válido para o compromisso escolar com o desenvolvimento da capacidade crítica aplica-se ao desenvolvimento de outras capacidades apontadas como metas da escolaridade na resolução do CNE, como a "autonomia", a "imaginação", etc. Importa, pois, que cada uma delas seja discutida e elucidada em seu *valor educativo*, para que não se transformem em "verborragia pedagógica" pretensamente voltada contra o "verbalismo" escolar. Só uma análise criteriosa e pautada no contexto escolar poderá atribuir significado teórico a certos objetivos de uma diretriz curricular, oferecendo possibilidades de ação educativa aos professores e às instituições escolares e evitando que uma resolução se transforme em um repertório de noções vagas como a de desenvolver no aluno a capacidade de "aprender a conhecer".

É verdade que uma resolução normativa não comporta habitualmente esse tipo de discussão, mas o Parecer que a acompanha deve ter como meta esclarecê-la, concentrando-se nas expectativas, nas práticas e nas metas escolares, se o que se pretende é orientar as ações das unidades escolares para os objetivos e as políticas pertinentes a seu trabalho específico. Não se trata, portanto, de oferecer aos professores um conjunto de regras ou normas que pretensamente garantiriam o êxito do ensino, até porque a atividade educativa não é redutível a um conjunto de regras. Trata-se de estabelecer parâmetros que sejam *elucidativos* dos objetivos e dos compromissos peculiares que as escolas devem ter para com seus alunos e para com a sociedade.

Apresentar aos professores, por exemplo, a ideia de que "as quatro grandes necessidades de aprendizagem dos cidadãos do próximo milênio às quais a educação deve responder [...] [são] aprender a conhecer, aprender a fazer, aprender a conviver e aprender a ser", mais do que inócuo, é desorientador. Aprender a ser o quê? Virtualmente, tudo o que um ser humano é ele aprendeu a ser. Aprendemos a ser professores, assim como aprendemos a ser cidadãos, traficantes ou corruptos... Os problemas de uma instituição escolar sempre são ligados às escolhas de objetivos e formas de ensino a partir das quais os alunos serão iniciados em certos comportamentos, conteúdos e condutas que valorizamos. Assim, nossas questões são sempre relativas a "o que ensinar" e a "como nosso ensino pode aumentar a chance de um aluno ser *isto* e não *aquilo*", a "fazer uma determinada coisa" em vez de outra qualquer; por exemplo, podemos empreender esforços nos sentido de ensinar um aluno a conviver com a crítica, mas a indignar-se com a injustiça, e não a conviver com ela.

Gostaria ainda de comentar brevemente um segundo tópico, presente tanto na Resolução como no Parecer: a sugestão de abordagens interdisciplinares. Por se tratar não de uma meta geral da escolaridade, mas de um procedimento pedagógico, gostaria de abordá-lo de uma forma completamente diferente da que utilizei até aqui, remetendo-me inicialmente a uma das mais gratificantes experiências que tive como professor de filosofia no ensino médio e que ocorreu há muitos anos.

O episódio não começa em uma reunião pedagógica, mas na sala dos professores, quando, vendo uma prova que eu corrigia, uma professora de português mencionou seu fascínio pela arte e literatura gregas. Em poucos minutos, juntou-se a nós o professor de história e, quase irresponsavelmente, comentamos que seria delicioso oferecer aos alunos um curso que apelidamos de *O Mundo Grego*. Para viabilizá-lo em termos de horário escolar, já que pensamos em nos alternar na sequência dos assuntos – arte, filosofia e história –, foi preciso compor cursos nas séries subsequentes, que seriam *O Renascimento* e *O Romantismo*.

Assim, cada um de nós foi responsável por um bimestre em cada uma dessas séries, analisando diferentes aspectos desses temas, a partir dos diferentes *modos de conhecimento* que representávamos como professores. Não é o caso, para os propósitos dessas reflexões, de detalhar os procedimentos e as dificuldades que enfrentamos, nem o de tecer generalizações a partir de uma experiência tão singular. Contudo, creio que, de alguma forma, ela pode ser ilustrativa de certas considerações que gostaria de fazer acerca de modalidades de procedimentos pedagógicos como a interdisciplinaridade.

Hoje, ao refletir sobre essa experiência, atribuo grande parte de seu progressivo êxito não a um suposto conjunto de técnicas presente nos procedimentos adotados, nem à comunhão em torno de certos conceitos gerais, mas ao fato de que ela nasceu da sugestão e da proposta de um grupo de professores que, a partir de então, planejou, discutiu, errou, procurou conjuntamente alternativas a problemas concretos, trocando sugestões e experiências e criando uma identidade com seu trabalho. Não recorremos a normas reguladoras ou a teorias didáticas, mas sim à discussão dos problemas concretos da implantação da proposta.

Em suma, hoje vejo essa experiência como um exemplo, ainda que simples, de professores que, no exercício de sua autonomia pedagógica e dentro dos limites de suas disciplinas e formas de trabalhos, elaboraram uma *proposta pedagógica* sem sequer saber que o faziam. Se as práticas interdisciplinares – a partir de temas, projetos ou qualquer outra fonte – puderem representar "um esforço de integração da escola em um propósito educativo comum, integrando esse ensino aos ideais educativos da escola" (Azanha, 2006, p. 87), elas terão muito com que contribuir para o aperfeiçoamento das instituições escolares e para o alcance dos objetivos estabelecidos na LDB. E poderão, dessa forma, constituir-se em um embrião de diversos esforços coletivos, eventualmente capazes de, por meio de um exercício prático, levar os professores à consciência de que a elaboração da proposta pedagógica de uma escola "exige um esforço coletivo para enfrentar com êxito suas dificuldades, que são antes institucionais do que de cada professor isolado" (Azanha, 2006, p. 87).

Mas, uma vez mais, convém nos precavermos contra medidas tecnicistas, pseudoacadêmicas ou burocratizantes. A maior parte dos aparentes esforços teóricos no sentido de estabelecer regras e procedimentos didáticos pretensamente capazes de instrumentalizar os professores para "novas práticas pedagógicas" raramente é mais que uma coleção de frases de efeito ou aparentes prescrições que, na verdade, apenas enunciam as condições finais para o êxito.

Dizer a um professor que ele deve, por meio de seu ensino, "tornar a aprendizagem significativa ao associá-la com experiências da vida cotidiana ou com os conhecimentos adquiridos espontaneamente", como o faz o Parecer, é quase como dizer a um time de futebol que, para ganhar a partida, ele deve marcar mais gols do que o time adversário; embora tudo isso venha embalado em uma linguagem bem mais sofisticada. Tornar sua aula atraente e significativa para o aluno, quase todo professor quer. Mas cada situação escolar parece sempre exigir esforços sempre diferentes e um trabalho artesanal cujos princípios gerais podem ser estabelecidos, mas os meios de ação devem ser construídos entre os próprios pares e a partir de reflexões sobre as práticas vigentes, seus êxitos e fracassos em relação a certos objetivos, e não a partir de pretensos saberes acadêmicos e perspectivas didático-metodológicas oficiais.

Por último, posto que o objetivo dessas reflexões é fornecer ao CEE-SP eventuais subsídios para deliberações e indicações ulteriores sobre essas diretrizes, gostaria de citar algumas observações do sociólogo norte-americano Wright Mills a respeito da linguagem acadêmica da sociologia que, *mutatis mutandis*, podem ser úteis para uma reflexão sobre a linguagem dos discursos e documentos endereçados aos professores e às diversas instituições ligadas aos sistemas de ensino. Em *A imaginação sociológica*, o autor lança o seguinte alerta:

> Escrever é pretender a atenção dos leitores. Isso é parte de qualquer estilo. Escrever é também pretender um *status* pelo menos suficiente para ser lido [...] Sob esse aspecto, o caso da Sociologia [Pedagogia] é um exemplo extremo: em grande parte, os hábitos sociológicos [pedagógicos] de estilo nasceram na época em que os sociólogos [pedagogos] tinham reduzido *status*, até mesmo entre os outros intelectuais. O desejo de prestígio é uma das razões pelas quais os acadêmicos escorregam com tanta facilidade para o ininteligível. E essa é, por sua vez, a razão pela qual não alcançam o *status* desejado. Um círculo verdadeiramente vicioso, mas do qual qualquer intelectual pode sair facilmente. Para superar a *prosa acadêmica*, temos de superar a *pose acadêmica*. Temos de nos perguntar: para quem procuramos escrever?
> Se nos dirigimos a professores e pessoas interessadas [em educação, por exemplo] há quatro possibilidades simples à disposição do autor [legislador]:
> Se ele se reconhece como uma voz e supõe que fala para esse público [professores e instituições escolares], tentará escrever em prosa legível. Se ele se considera uma voz, mas não tiver qualquer consciência do público, poderá cair facilmente em elucubrações ininteligíveis. Deveria ter mais cautela. Se ele se considerar menos uma voz do que um agente de algum som impessoal [ou jargão da moda], então – se encontrar público –, mais provavelmente será um público erudito [ou versado no jargão]. Se, sem conhecer sua própria voz, não encontrar nenhum público, mas falar apenas para um registro que ninguém faz, então suponho que teremos que admitir que se trata de um fabricante de prosa padronizada: um som anônimo num grande salão vazio. É um espetáculo aterrorizador, como na novela de Kafka, e realmente deve ser: estamos falando do limite da razão. (Mills, 1970, p. 58)

NOTAS

1 A expressão *slogan* educacional é utilizada por Scheffler, em *A linguagem da educação*, para designar certas expressões e palavras de ordem que se tornam símbolos de movimentos ou doutrinas educacionais e cuja função é atrair novas adesões ou reforçar a união dos adeptos em torno de certos princípios teóricos e práticos. Aqui, ela guarda um pouco dessa acepção, mas se identifica mais com certo "jargão" pedagógico difuso que entra e sai de moda com a mesma facilidade, sem mudar muito a forma pela qual concebemos ou realizamos ações educativas.

2 Se a "competência de tomar decisões racionais a partir de certo contexto", tal como é desenvolvida no jogo de xadrez, por exemplo, fosse extensiva a outras esferas da vida, como a política, a econômica ou a afetiva, os grandes enxadristas seriam, por decorrência, ótimos estadistas, consultores econômicos ou sentimentais ou, pelo menos, teriam uma vida invejável nesses aspectos, o que evidentemente nem sempre ocorre.

De psicologismos, pedagogismos e educação* 8

Começo esta reflexão sobre ideias e práticas educacionais e escolares apresentando um fenômeno que causa estranhamento e mesmo perplexidade entre pesquisadores e profissionais da educação. Possivelmente, nunca na história da educação escolar se falou, escreveu e pesquisou tanto sobre problemas da educação e da escolaridade como hoje. O mesmo poderíamos dizer da organização de congressos, cursos e encontros sobre o tema, promovidos por instituições públicas ou privadas, ainda que frequentemente reivindiquemos mais informações, pesquisas ou discussões.

Por outro lado, parece ter crescido quase na mesma intensidade nossa insatisfação com os resultados de nosso trabalho cotidiano nas escolas. Temos, então, um possível paradoxo: pesquisamos, escrevemos e discutimos porque acreditamos que essa é uma forma de melhorar nossa prática e porque esperamos que os resultados apresentados por nossos alunos e escolas sejam cada vez mais satisfatórios. No entanto, poucos de nós arriscariam dizer que hoje, com todo esse arsenal de informações e teorias disponíveis, nossa prática está mais satisfatória ou nosso trabalho tem sido mais gratificante do que era, e talvez um número ainda menor de professores diria que seus alunos aprendem mais e melhor do que antes.

Sobre as causas dessa sensação de disjunção entre nossos esforços, nossas expectativas e os resultados que temos obtido, podemos levantar uma série de hipóteses diferentes; algumas eventualmente contraditórias, mas muitas complementares. Isso porque os problemas envolvidos nas relações entre as pesquisas, as teorias e os debates sobre a educação escolar e a nossa prática são muito complexos e de naturezas diversas.

---

* Uma versão inicial deste texto foi publicada em: CARVALHO, J. S. F. De psicologismos, pedagogismos e educação. *International Studies on Law and Education*, v. 2, p. 111-122, 1999.

A disjunção pode ser fruto, por exemplo, de uma expectativa exagerada quanto aos resultados imediatos dos estudos nas práticas pedagógicas, de problemas devidos à passagem de uma escolarização reduzida para uma escolarização de massas, de pesquisas equivocadas ou, ainda, de um hiato entre teoria, discurso e prática educacional. Enfim, podemos buscar explicações em muitos planos e perspectivas diferentes. Assim, o caminho que proponho aqui está longe de ter a pretensão de esgotar um problema tão complexo, mas espero que contribua para ao menos elucidar algumas das possíveis razões pelas quais nossos esforços para compreender melhor a natureza do trabalho docente e, eventualmente, melhorar nossa prática ainda estão longe de produzir resultados satisfatórios.

Quando pensamos nas causas da crise de nossas instituições escolares – sobretudo quando as comparamos com as de outros países –, frequentemente, tendemos a atribuí-la a um certo atraso de nossas concepções e práticas educacionais. É como se devêssemos nos renovar mais, buscar certas novidades ou abandonar nossas visões e práticas e adotar outras, mais modernas. Segundo essa visão difusa, a educação em nossas escolas seria mais satisfatória se se modernizasse, material e intelectualmente. Trata-se de uma perspectiva de análise que pode, parcial ou pontualmente, elucidar certos problemas correntes, mas há nela aspectos que merecem uma reflexão mais detida.

Falando sobre a crise da educação nos Estados Unidos, Hannah Arendt tece considerações que, guardadas as devidas diferenças entre os dois países, podem ser interessantes para pensarmos certos problemas no Brasil:

> [...] a resposta à questão [...] Por que os níveis escolares da escola americana média acham-se tão atrasados em relação aos padrões médios na totalidade dos países da Europa? – não é, infelizmente, simplesmente o fato de ser este um país jovem que não alcançou ainda os padrões do Velho Mundo, mas ao contrário, o fato de ser este país, nesse campo particular, o "mais avançado" e moderno do mundo. E isso é verdadeiro em um dúplice sentido: em parte alguma os problemas educacionais de uma sociedade de massas se tornaram tão agudos, e em nenhum outro lugar as teorias mais modernas no campo da Pedagogia foram aceitas tão servil e indiscriminadamente. (Arendt, 1972, p. 227-228)

Talvez não sejamos "o país mais avançado e moderno do mundo" em termos de educação, mas, entre nós, o problema da ampliação do alcance da educação formal a todos os segmentos da população é ainda mais dramático do que nos EUA. Aqui, quer decorra de fatores extra ou intraescolares, a exclusão é seguramente mais comum e mais perversa. Além disso, tal como nos EUA ou talvez mais, nossas instituições educacionais parecem sempre propensas a aderir, *servil e indiscriminadamente*, às teorias mais modernas, às metodologias redentoras, às panaceias pedagógicas que prometem revolucionar o ensino ou sua pesquisa, enfim, a toda sorte de pedagogismos e psicologismos. Tal como os norte-americanos, temos também uma desenfreada paixão pelo *novo* e uma crença ingênua e acrítica na noção de "progresso" técnico e científico.

É sobre esse aspecto que passo a refletir – o predomínio do psicologismo e do pedagogismo aceitos servil e acriticamente, talvez nem sempre na prática, mas seguramente em nosso discurso sobre a escola. Não é o caso de discutir aqui as mais diversas formas de pedagogias renovadas nem de abordar as diferentes correntes psicológicas que se alternam no discurso oficial ou na moda entre os pesquisadores. Gostaria, antes, de pontuar alguns problemas nos *pressupostos*, ou seja, em ideias básicas subjacentes a essas teorias renovadoras, fundadas em correntes pedagógicas e psicológicas que têm dominado o discurso das instituições escolares.

O primeiro desses pressupostos – que recebe as mais diversas formulações conceituais ou retóricas, dependendo da teoria ou metodologia proposta[1] – é o de que nosso ensino deve ser "centrado no aluno" ou "no jovem". No campo metodológico, por exemplo, apontando que devemos sempre trabalhar segundo seus interesses.[2] No campo teórico, porque devemos conhecer esses jovens e crianças, o funcionamento de sua mente e de seu afeto, o desenvolvimento de sua estrutura cognitiva e seus interesses. Provavelmente o primeiro grande *slogan*[3] que refletiu essa tendência foi aquele oriundo da teoria de J. Dewey e que virou uma palavra de ordem das pedagogias modernas e dos modelos educacionais derivados da psicologia: "Nós não ensinamos matérias, ensinamos crianças".

Evidentemente, em sua formulação original, não era um *slogan*, mas integrava uma teoria educacional complexa, cujo maior mérito era, sem dúvida, chamar atenção para o excessivo formalismo e a alta seletividade do sistema educacional "tradicional", que pouco ou nada considerava o fato de que o êxito do ensino não consiste em uma exposição rigorosa, correta e logicamente organizada de um conteúdo qualquer, mas em que os alunos sejam capazes de aprender o que lhes é ensinado. No entanto, separado do contexto histórico e teórico em que foi engendrado, esse princípio acabou sendo banalizado e sofrendo um grave reducionismo. E, o que é pior, tomado literalmente, como se educar em uma escola significasse formar crianças independentemente de lhes ensinar os conteúdos escolares.

Assim, os professores e as instituições escolares passaram a centrar sua atenção – ou pelo menos seu discurso – na criança, em seu processo de desenvolvimento cognitivo, afetivo, etc. E isso à custa, muitas vezes, de uma desimportância crescente dos conteúdos, das disciplinas e dos valores que caracterizam o ensino escolar. O professor passou a ser discursivamente definido como aquele que respeita, ama, considera a criança. É evidente que todos esses sentimentos e atitudes em face da criança são benéficos, comumente até necessários para o ensino. Mas também é verdade que é possível amar, respeitar e se dedicar às crianças sem ter como opção profissional o compromisso social de ensiná-las algo. Há muitos modos de respeitar e cuidar das crianças: entre eles, o de *iniciá-las*, por meio do ensino, em uma cultura letrada, própria e característica da educação escolar. Esse é o modo precípuo pelo qual se expressam o compromisso, o afeto e o cuidado de um professor por seus alunos.

Perdê-lo de vista é perder a própria especificidade e concretude do trabalho docente. Para explicitar algumas consequências desse aspecto distintivo da profissão, lancemos um olhar à própria noção do verbo "ensinar". Seja qual for a definição que se tenha de ensino, aprendizagem ou mesmo de criança, o verbo ensinar é aplicado em uma estrutura triádica, isto é, sempre que há ensino, há (a) *alguém que ensina*, (b) *algo a ser ensinado* e (c) *alguém a quem se ensina*. Assim, além do sujeito que ensina, a ação de ensinar pressupõe dois objetos complementares. Não tem sentido dizer, por exemplo, que ensinamos matemática, mas a ninguém. Podemos até expor um conteúdo de matemática sem que haja alguém a quem se destine tal informação, mas, nesse caso, não se trata de ensino, e sim de exposição. Por outro lado, não se pode dizer que estamos ensinando alguém, mas não lhe ensinamos nada.

Embora seja trivial, a constatação dessa relação necessariamente triádica (Passmore, 1982, Cap. 2) do verbo "ensinar" – ação característica do ofício docente – pode ser fecunda para refletirmos sobre uma série de equívocos das práticas e dos discursos pedagógicos contemporâneos. Ela nos mostra, por exemplo, que o respeito *a quem* se ensina é tão importante e constitutivo da relação quanto o respeito *ao que* se ensina. Isso implica que a educação escolar tem um duplo compromisso: com o aluno a quem tentamos ensinar e com a sociedade e o legado de realizações históricas – simbólicas e materiais – que constituem as informações, os diferentes modos de conhecimento, os valores e as práticas discursivas e não discursivas que são objetos do currículo e da formação escolar.

A natureza do trabalho docente é, assim, dupla e complementar. Em uma de suas pontas – *a quem se ensina* –, representa um compromisso com o futuro, com uma transformação norteada por princípios, valores e objetivos próprios aos ideais de formação escolar. Na outra ponta – *o que se ensina* –, representa a conservação e a renovação de aspectos de um legado cultural ao qual se atribui valor formativo, como a literatura, a matemática, as ciências, as artes e as humanidades, bem como certas práticas sociais não discursivas e certos princípios éticos e políticos.[4] Enfim, ensinamos para manter vivos, naqueles que são ensinados, saberes, tradições e conquistas do espírito humano que consideramos úteis ou valiosos em si mesmos.

A formação escolar implica, portanto, a iniciação dos jovens em heranças culturais (Oakeshott, 1968) cuja sobrevivência depende de os novos se apoderarem delas e fazerem-nas *seu* legado cultural, modificando-as de acordo com suas possibilidades, desejos e capacidades. Logo, o trabalho docente não está ligado só ao futuro, mas faz a mediação entre o passado e o futuro e exige do professor o respeito por ambos:

> A educação é o ponto em que decidimos se amamos o mundo o bastante para assumir a responsabilidade por ele [...] é também onde decidimos se amamos nossas crianças o bastante para não expulsá-las de nosso mundo e abandoná-las a seus próprios recursos. (Arendt, 1972, p. 247)

O *mundo* a que se refere a autora não é um mero aglomerado de coisas, mas um conjunto de realizações humanas: conceitos, linguagens, valores, enfim, um modo de vida que encarna um conjunto de heranças culturais e forja um povo. Em uma abordagem que em muitos aspectos se assemelha à de Arendt, diz M. Oakeshott (1968, p. 158):

> Só podemos penetrar, possuir e desfrutar desse mundo através da aprendizagem. Um quadro pode ser comprado, mas não se pode comprar a compreensão desse quadro. [...] Esse mundo é o que chamo de nossa herança comum, porque penetrar nele é a única forma de nos tornarmos seres humanos. [...] É nesse mundo espiritual que a criança, mesmo na mais tenra idade, se inicia; e iniciar alunos nesse mundo é a tarefa do professor.

Note-se que, na distinção sutil que faz entre a tarefa dos pais na primeira infância e a dos professores na escolarização, o autor aponta algo evidente e trivial, mas de suma importância. Ao falar na iniciação da criança, não fala no profissional de uma instituição, mas ao falar em um professor não se refere mais a uma *criança*, mas a um *aluno*. E isso nos leva a pensar nas contribuições – e sobretudo nos limites – da aplicação de conceitos originários da psicologia ao discurso de professores e agentes institucionais do ensino escolar, que são o segundo pressuposto que discutimos aqui.

Nos últimos anos, a psicologia parece reinar quase absoluta nos discursos subjacentes a teorias e programas educacionais das mais variadas linhas. Tal como aconteceu com a teoria de Dewey, autores como Piaget e Vygotsky, entre outros, tiveram sua obra transformada em *slogans* e programas de intervenção escolar. Novamente, incorremos em alguns flagrantes reducionismos.

O que nos interessa aqui, contudo, não é descer a detalhes dessa ou daquela teoria, mas apontar certos problemas gerais da tentativa de derivar uma ação pedagógica de dados psicológicos, independentemente da teoria a que se filiam. Comecemos pela própria distinção entre *criança* e *aluno*. O primeiro termo, em seu uso psicológico, designa uma fase do desenvolvimento psicobiológico de qualquer ser humano, pertença ele ou não a uma sociedade que o educa em instituições como a escola. Já o segundo designa uma realidade muito mais específica.

O termo "aluno" pressupõe uma relação institucional, sem a qual ele não existe nem tem sentido. Essa relação se estabelece necessariamente no contexto específico de determinada instituição social – a escola. Essa instituição cria e reflete um tipo específico de saber profissional, que se traduz em uma série de práticas – discursivas e não discursivas – de professores, diretores e demais agentes institucionais (como chamadas, diários de classe, ditados, filas, recreio, livros didáticos, enfim, todo o universo da cultura das escolas). Sem a consideração desse complexo jogo cultural em que *crianças* e *adultos* se convertem em *alunos, professores, inspetores*, etc., pouca ou nenhuma compreensão lograremos desse aspecto tão relevante de nossa vida social.

Compreender as relações concretas entre crianças e adultos sempre pressupõe compreender a especificidade de cada relação dentro da qual assumimos certos papéis sociais que diferem de outros, como pais e filhos, professores e alunos, etc. Por isso, não se podem compreender fenômenos sociais como escola, aluno, professor, currículo, etc. em abstração dessas instituições que estabelecem as mediações entre as pessoas que a integram, nem por meio de conceitos que a elas não se refiram primordial e diretamente.

Nesse sentido, trabalhamos com crianças que são alunos. Novamente, é aí que reside a especificidade do nosso trabalho. Há crianças que, dado um determinado contexto, são vistas e compreendidas como pacientes, como consumidores, como trabalhadores, etc. Aquelas com as quais trabalhamos em uma escola devem ser vistas como alunos, se desejamos compreendê-las em nosso papel de professores, agentes institucionais da educação ou pesquisadores ligados à educação. É essa característica específica que devemos conhecer e, em grande medida, ignoramos. É claro que não deixam de ser crianças, sujeitas às mesmas características, etc., mas o que mais nos importa são as características específicas desse contexto particular, que, para nós, não é acidental, é determinante.[5]

Na verdade, a experiência cotidiana e a cultura do trabalho docente dão aos professores informações sobre os alunos e nos ajudam a desenvolver saberes profissionais a que recorrem no exercício de seu ofício. Mas, como nos sentimos impotentes frente a muitos de nossos problemas, apresentam-nos fórmulas redentoras, embaladas em rótulos de ciência e diante das quais temos de nos transformar, de abandonar um tipo saber profissional e adaptá-lo à "verdadeira criança", "descoberta" por uma ciência, como a psicologia, por exemplo. Só que essa "verdadeira criança" se parece muito pouco com nossos alunos, e isso não é um defeito da teoria, mas um erro de sua transposição. Expliquemo-nos.

É evidente, pela própria natureza do trabalho de um psicólogo, que seu interesse em geral não se restringe à especificidade da relação de aprendizagem como *fruto de um ensino em uma instituição escolar*. O que as teorias de desenvolvimento cognitivo tentam, com ou sem êxito, é dar conta de fatores que expliquem os mecanismos gerais subjacentes a qualquer forma de desenvolvimento cognitivo. Notadamente em Piaget, a questão da escolaridade é, e deve ser, colocada à parte. O que lhe interessa é o *desenvolvimento psicobiológico da criança* como *ser cognoscente* (ou do *sujeito epistêmico*, para usar uma expressão própria da área), e não *o ensino formal de um aluno*. Mas a tentativa de exportar para o campo da educação conceitos, procedimentos e objetivos da psicologia tem resultado no transplante malsucedido de imagens, metáforas e *slogans* que em geral têm pouco valor prático para o trabalho do professor.

Tanto a pertinência quanto os limites desse transporte teórico da psicologia para a educação estão muito bem ilustrados por Scheffler em um texto em que ele comenta a metáfora do crescimento do organismo para compreendermos no que consistiria o processo educacional, segundo uma visão preponderantemente desenvolvimentista. Vejamos uma longa citação dessa obra:

> Há uma analogia evidente entre a criança que cresce e a planta que cresce, entre o jardineiro e o professor. Em ambos os casos, o organismo em desenvolvimento passa por certas fases que são relativamente independentes dos esforços do jardineiro ou do professor. Nos dois casos, todavia, o desenvolvimento pode ser auxiliado ou prejudicado por esses esforços. Para um e para outro, o trabalho de cuidar desse desenvolvimento pareceria depender do conhecimento das leis que regulam a sucessão de fases do desenvolvimento. Em nenhum dos dois casos, o jardineiro ou o professor é indispensável para o desenvolvimento do organismo e, depois de terminada a sua tarefa, o organismo continuará a amadurecer. Os dois estão interessados em ajudar o organismo a florescer e em cuidar de seu bem-estar proporcionando condições ótimas para que operem as leis da natureza [...]
> Onde sucumbe a metáfora do crescimento? [...] A natureza e a ordem desses estágios de desenvolvimento [...] bem como das aptidões de comportamento que eles tornam possíveis, são, na verdade, relativamente independentes da ação de outros indivíduos, embora fatores culturais, mesmo aqui, tenham seu impacto.
> No entanto, se alguma vez perguntarmos de que maneira essas aptidões deverão ser exercidas, para que deverá ser dirigida a energia temperamental da criança, que tipos de conduta e que tipos de sensibilidade deverão ser encorajados [bem como que tipo de conteúdos, valores e práticas escolares devemos apresentar-lhes], começaremos, então, a perceber os limites da metáfora do crescimento. A sequência de etapas de desenvolvimento é, de fato, compatível com um número indeterminado de respostas irreconciliáveis a essas perguntas [...] Por essa razão, não há nenhum sentido literal em dizer, em relação a esses aspectos: "Desenvolvamos todas as potencialidades de cada criança". Essas potencialidades entram em conflito e, portanto, não podem ser todas desenvolvidas. Desenvolver algumas significa impedir outras [...]. (Scheffler, 1974, p. 62-63)

Por essa razão, nosso trabalho como *professores* que ensinam *alunos* – que é diferente de adultos que têm contato com crianças e as influenciam de algum modo – implica escolhas deliberadas de metodologias, procedimentos, conteúdos, valores e condutas que julgamos adequadas ou inadequadas não a partir de uma ciência qualquer, mas de opções de natureza ética e política. Trata-se, pois, de escolhas culturais valorativas que exigem um tipo de justificação racional diferente daquela que uma teoria psicológica pode nos fornecer.[6] Tais escolhas incidem tanto sobre os conteúdos de nossas práticas como sobre as formas pelas quais as conduzimos. É possível, por exemplo, levar uma criança a se alfabetizar ou a ter determinada conduta por meio de uma infinidade de formas: por ameaça, violência, coação, mentiras... Mas nenhuma dessas formas é considerada adequada àquilo que chamamos "ensino" em seu uso escolar canônico.

Isso porque, ainda segundo Scheffler, em seu sentido formativo e escolar, a noção de "ensinar" pressupõe uma *forma* específica de procurar fomentar uma habilidade, desenvolver uma capacidade ou cultivar princípios de ação e conduta, pois implica:

> [...] submeter-se, pelo menos em alguns pontos, à compreensão e ao juízo independente do aluno, à sua exigência de razões e ao seu senso daquilo que constitui uma explicação adequada. Ensinar a alguém que as coisas são deste ou daquele modo não significa meramente fazer com que ele o creia; o engano, por exemplo, não constitui um método ou modo de ensino. Ensinar envolve, além disso, que, se tentarmos fazer com que o estudante acredite que as coisas são deste ou daquele modo, tentemos, ao mesmo tempo, fazer com que ele o creia, por razões que, dentro dos limites de sua capacidade de apreensão, são *nossas* razões. Ensinar, assim, exige de nós que revelemos as nossas razões aos estudantes e, ao fazê-lo, que as submetamos à sua avaliação e à sua crítica. (Scheffler, 1974, p. 70)

A escolha dessa forma não se funda, portanto, em sua veracidade ou falsidade e nem sequer em sua eficácia, mas em sua forma específica, o que, nesse caso, implica o caráter valorativo da escolha de seus princípios éticos e políticos. Por essas razões, ensinar algo a nossos alunos não equivale a fazer com que crianças se desenvolvam de forma geral, mas significa que buscamos *desenvolver certos tipos específicos* de habilidades, capacidades, comportamentos e conteúdos e de *determinada forma*.

Portanto, o que queremos ajudar nossos alunos a adquirir não é qualquer tipo de formação ou desenvolvimento. O ensino formal é intencional, em forma e conteúdo; exige de nós tomadas de posição que estão além dos dados oferecidos por qualquer teoria psicológica, ainda que estas possam, eventualmente, nos valer para termos mais dados em face das opções que devemos necessariamente fazer.

Mas, aos dados e aportes de ciências como a psicologia, devemos adicionar outras fontes de informação e conhecimento, para compreender a complexa natureza da educação escolar ou justificar certas tomadas de posição em face de problemas concretos. Entre elas, seguramente, a reflexão sistemática sobre nossas práticas, seus êxitos, hesitações e fracassos, bem como a especificidade do projeto da escola em que lecionamos.

Um só exemplo talvez baste para ilustrar esse argumento. Tomemos um problema que parece ser tão grave quanto persistente na educação escolar no Brasil, que é o do acesso e da permanência no ensino fundamental da totalidade de jovens e crianças que a ele têm direito. Esse ideal, erigido em preceito constitucional, mas nunca plenamente realizado em nossa sociedade, não se efetivará como mera decorrência da adoção de uma perspectiva didático-metodológica, e tampouco psicológica: sua efetivação independe de sermos "tradicionais" ou "construtivistas". A decisão de se escolarizarem ou não determinados segmentos da população é, evidentemente, uma decisão de política educacional. Ela é compatível com qualquer teoria descritiva de como a criança constrói, internaliza ou elabora seu conhecimento, assim como todas essas teorias podem conviver – e convivem – com mecanismos seletivos da escolarização, seja qual for o fundamento de que lançamos mão para justificá-los.

Ao insistir em que nosso fracasso em escolarizar toda a população se deve à adoção de tal ou qual técnica, metodologia ou visão de criança ou conhecimento, deslocamos o problema para o âmbito técnico-pedagógico, que não é adequado ao caso. Até porque sociedades com sistemas "tradicionais" de ensino e concepções "não científicas" do desenvolvimento da criança, como a Escócia do século XVII, por exemplo, deram conta desse problema básico. Não há concepção pedagógica ou psicológica capaz de instituir um compromisso que transcenda esse tipo de decisão, posto que ele decorre da própria visão do que deve ser uma educação fundamental e a quem ela deve se dirigir.

Uma decisão de natureza política e social, como a de se estender o máximo possível os benefícios da educação a todos, precede qualquer opção metodológica derivada de qualquer teoria. Para que esse ideal não seja simples retórica, uma escola deve tomá-lo como compromisso da instituição e de cada indivíduo que nela trabalha. E esse, seguramente, não é nem deve ser um compromisso metodológico nem psicológico, mas de visão de sociedade e de escolarização. É só a partir da compreensão da dimensão social dessa decisão que podemos buscar meios adequados para resolver problemas que são sempre bem mais específicos do que as grandes teorias gerais, sejam elas didáticas ou psicológicas. E tais meios serão sempre uma somatória articulada de opções de natureza política, educacional e filosófica, jamais redutíveis a uma pretensa dedução a partir de princípios de uma ciência, seja ela qual for.[7]

A psicologia pode nos dar informações sobre estruturas que permitem o aprendizado em geral, mas, até agora, pouco tem pesquisado sobre o aprendizado em condições escolares concretas. As metodologias podem nos oferecer opções práticas, mas estas só têm sentido se desenvolvidas a partir de problemas concretos dos professores. O que é preciso destacar é que nosso dever de fixar metas e procedimentos educativos só pode se realizar a partir da clara consciência de que a educação escolar, em sua dimensão concreta, é fruto do trabalho cotidiano de professores e demais agentes institucionais de ensino em situações e desafios tão específicos que grandes teorias gerais só podem ser, na melhor das hipóteses, pano de fundo. Se queremos formar alunos autônomos, que sejam cidadãos responsáveis, é preciso que nós, professores ou pesquisadores, sejamos profissionais responsáveis e autônomos, e não partidários de seitas pretensamente fundadas em dados científicos.

É preciso resistir à tentação de crer que haja caminhos prontos e pensados por outros profissionais que lograrão resolver nossos problemas. Nossos problemas não são de natureza psicológica, nem sociológica, nem metodológica, ainda que em alguma medida os envolvam, assim como o trabalho médico envolve dimensões sociais, econômicas e sociológicas, bem como químicas e fisiológicas, mas nem por isso com elas se confunde. Nossos problemas são problemas concretos dos profissionais da educação escolar. E que só serão resolvidos quando forem enfrentados como tal e por cada um de nós, professores, pesquisadores e agentes institucionais da educação.

NOTAS

1 Nos anos de 1960, a expressão mais difundida desse pressuposto era a pedagogia "centrada na criança"; os discursos contemporâneos falam em "protagonismo juvenil". Muda a forma da expressão, mas permanece a ideia central.
2 Acredito que esse seja um caso paradigmático da esterilidade dos *slogans* metodológicos. Além de duvidosa em seu conteúdo, a ideia de que devemos trabalhar com os interesses dos alunos não tem nenhuma clareza operativa. É tão útil quanto dizer a um ciclista que, para ganhar a corrida, ele deve fazer o percurso mais depressa que os outros concorrentes. A questão é *se* devemos fazê-lo e *como*, sobretudo se temos 40 alunos, com interesses, desejos e expectativas diferentes. Além disso, o dever do professor consiste mais em criar interesses novos do que verdadeiramente em se ater aos já existentes. Parece-me que nossa principal questão é justamente como tornar nossos conteúdos questões

interessantes para os alunos, e não gerenciar problemas eventualmente exteriores às nossas preocupações.

3 Segundo Scheffler (1972, p. 46), "Em educação, os *slogans* proporcionam símbolos que unificam as ideias e atitudes-chave dos movimentos educacionais. Exprimem e promovem, ao mesmo tempo, a comunidade de espírito, atraindo novos adeptos e fornecendo confiança e firmeza aos veteranos". É com esse sentido que uso aqui a palavra *slogan* – o de uma palavra de ordem que perpassa os discursos educacionais.

4 Esse conteúdo que integra o currículo escolar tem sido alvo de uma reiterada crítica a seu caráter reprodutivista. De fato, a justificativa das escolhas curriculares é difícil. No entanto, sejam quais forem os critérios adotados na seleção do conteúdo escolar, esse conteúdo sempre representará escolhas valorativas da comunidade escolar em relação a perspectivas mais ou menos canônicas de uma área, ou seja, ele necessariamente reflete certas tendências ou correntes de um saber que antecede os alunos.

5 Em uma metáfora particularmente feliz sobre a vinculação entre o conceito e seu contexto de uso, Gilbert Ryle (1993, p. 193) pondera: "As cartas com que jogamos pôquer são as mesmas com que jogamos bridge ou são diferentes? São certamente as mesmas. Mas as propriedades ou atributos que o jogador de pôquer percebe ou deixa escapar serão as mesmas que o jogador de bridge percebe ou deixa escapar? Esses jogadores dão as mesmas descrições delas ou descrições diferentes e até conflitantes? As respostas não são fáceis. Pois, ainda que ambos os jogadores percebam que uma certa carta é a rainha de copas, um deles registra, ou talvez deixe de registrar, que ela é a última carta sobrevivente do trunfo, enquanto o outro nem conta com essa expressão em seu vocabulário de pôquer [...]. Bem, isso significa que um deles está certo e o outro errado? [...] Ou na realidade não é nenhuma dessas coisas, mas apenas uma rainha de copas? Obviamente, isso não é uma perplexidade genuína. A questão sobre se essa rainha de copas em um determinado momento é um trunfo ou não depende da questão anterior sobre se quatro pessoas estão jogando bridge com o baralho que contém essa carta". Analogamente, a questão não é se Joãozinho é um sujeito epistemológico, sujeito psicológico ou a somatória dessas perspectivas, dentre outras. Em aula, ele é um aluno, e a referência a outros conceitos pode ser até mesmo obscurecedora, como se buscássemos canastras reais em um jogo de pôquer.

6 Nesse sentido, basta lembrar, por exemplo, que o critério de validação de uma teoria psicológica qualquer, no limite, sempre será fundado em sua possível veracidade. Ou seja, dela podemos dizer que é falsa ou verdadeira a partir das melhores evidências empíricas possíveis e do confronto com outras teorias. Já de um programa de ação escolar ou de objetivos em relação ao processo de escolarização não tem sentido dizermos que ele é falso ou verdadeiro, como justificação ou validação de sua adoção. O critério que aplicamos para justificar

ou adotar um determinado projeto não diz respeito a sua possível veracidade a partir de evidências empíricas, mas sobretudo a sua pertinência moral, política e social.

7 Até porque, de um ponto de vista lógico, não é possível *deduzir* objetivos e programas de educação a partir de enunciados psicológicos, sociológicos ou mesmos metafísicos ou ontológicos. A validade de uma conclusão dedutiva depende da presença dos mesmos elementos nas premissas, de modo que as conclusões são alcançadas por uma operação puramente formal. Não há, portanto, uma ligação *necessária* ou implicação entre, por exemplo, um modelo de descrição da aquisição da linguagem escrita e certos procedimentos metodológicos, como o uso ou a abolição de uma cartilha. O que se busca é simplesmente depreender certas ações coerentes com os dados que temos; ainda assim, os mesmos dados podem inspirar um número enorme de ações diferentes e mesmo conflitantes. Um claro exemplo é a enorme diversidade de práticas que se dizem originárias do construtivismo piagetiano.

9 Uma ideia de formação continuada em Educação e Direitos Humanos*

INTRODUÇÃO

Este texto sintetiza quatro princípios que nortearam um programa de formação continuada de professores cuja primeira edição remonta ao início de 2001 e a última, a dezembro de 2008. Ao longo desses anos, o curso Educação, Direitos Humanos e Democracia – Programa de Formação Continuada de Professores – formou mais de 2 mil profissionais da educação das redes públicas municipais de São Paulo, Suzano e Embu, em cooperação entre a Faculdade de Educação da Universidade de São Paulo (Feusp), a Fundação de Amparo à Pesquisa do Estado de São Paulo (Fapesp), o Ministério da Educação (MEC) e as Secretarias Municipais de Educação. Sua concepção e execução resultaram de um trabalho que envolveu, além dos formadores, as equipes pedagógicas das secretarias com que trabalhamos. Embora já tenhamos publicado dois artigos relatando as experiências de campo (Carvalho et al., 2004; 2005), as reflexões apresentadas aqui são uma tentativa de sistematização de algumas de nossas discussões teóricas acerca dos princípios norteadores do trabalho e de seus resultados.

---

* Uma versão inicial deste texto foi publicada em: CARVALHO, J. S. F. Uma idéia de formação continuada em educação e direitos humanos. In: SILVEIRA, R. et al. (Org.). *Educação em Direitos Humanos*: fundamentos teórico-metodológicos. João Pessoa: Universitária, 2007. p. 469-486.
Este capítulo teve sua origem em um programa de formação continuada de professores, coordenado por José Sérgio Carvalho, e contou com os seguintes formadores e colaboradores: Alessandra Gomes, Cláudio Marques da Silva Neto, Cosme Freire Marins, Diana Mendes Machado da Silva, Luciana Bilhó Gatamorta e Wellington Tibério.

NOTA PRÉVIA

O fato de se exporem reflexões tecidas a partir de uma experiência em formação de professores tão pontual e específica como a que inspira este capítulo não deve sugerir sua generalização ou inspirar sua transposição mecânica para outros contextos, sob pena de reduzir a questão em pauta à eficácia na aplicação de um conjunto de procedimentos abstratos, pretensamente capazes de solucionar problemas concretos a partir de regras de ação que, por seu caráter geral, são inadequadas ou pelo menos largamente insuficientes para o enfrentamento desse tipo de desafio.

Analisando uma questão análoga, Scheffler (1974, p. 83) ressaltou que "é engano, portanto, pensar que alguém pode aprender a ensinar simplesmente adquirindo uma estrutura padronizada [...] ou que possamos ensinar as pessoas a ensinar prescrevendo-lhes uma estrutura desse gênero, formulada em regras gerais". Segundo o autor, a atividade de ensinar não pode ser regulada por "regras exaustivas", isto é, por um conjunto de normas e recomendações que lhe garantam o êxito. Não obstante esses claros limites da natureza da ação formativa, parece-nos que a apresentação de um conjunto de *princípios* que nortearam as ações do Programa de Formação Continuada de Professores pode contribuir para a compreensão teórica dos tipos de desafio a enfrentar em um programa de formação continuada e ensejar a reflexão e a análise crítica de programas análogos.

Não se trata, pois, de uma descrição detida da experiência, mas da exposição de quatro princípios norteadores subjacentes às diversas atividades formativas, configurando simultaneamente um esforço de compreensão teórica e a afirmação de um compromisso político com a formação de professores da rede pública de ensino.

Como decorrência da opção de concentrar esta exposição nos princípios norteadores da ação formativa, é necessária uma última advertência. Princípios não carregam em si as regras de sua aplicação, daí porque um mesmo conjunto de princípios ético-religiosos (como o cristianismo) ou sociopolíticos (como o marxismo) tenha gerado práticas sociais tão diversas e mesmo conflitantes (como as relações entre as diversas religiões cristãs ou os regimes políticos alegadamente inspirados no marxismo). Assim, ao apresentar os princípios do programa seguidos de sua justificativa e da forma pela qual foram aplicados, não postulamos que haja entre esses dois elementos – princípios e procedimentos operativos – uma relação de *necessidade*. Procuraremos apenas mostrar como um princípio norteou uma prática ou, em outras vezes, como chegamos ao princípio estruturante de uma prática desenvolvida.

OS PRINCÍPIOS DO PROGRAMA DE FORMAÇÃO CONTINUADA – DIREITOS HUMANOS NAS ESCOLAS

O objeto da formação continuada deve ser a cultura institucional, e não a consciência individual do professor

Trata-se aqui do princípio que inspirou, em 2001, o primeiro esboço daquilo que viria a ser um Programa de Formação de Professores vinculado à difusão dos Direitos Humanos e dos ideais e valores da democracia como regime político e forma de organização social. Esse princípio deriva, em grande medida, da constatação de que a maior parte das propostas de formação continuada tem focalizado o aperfeiçoamento do professor individualmente considerado, em abstração, portanto, da escola em que trabalha – embora o aperfeiçoamento da ação educativa com vistas à melhoria da qualidade de ensino seja uma questão eminentemente institucional:

> São as escolas que precisam ser melhoradas. Sem esse esforço institucional, o aperfeiçoamento isolado de docentes não garante que a eventual melhoria do professor encontre na prática as condições propícias para uma melhoria do ensino [...]. A entidade a ser objeto de atuação em uma política de melhoria do ensino é a escola, *e não as "competências" profissionais de um indivíduo*. (Azanha, 1995, p. 203, grifos nossos)

Assim, a formação, inicial ou em serviço, de um professor tem aspectos bastante singulares. Há profissões cujo exercício não necessariamente se vincula a uma instituição; por exemplo, a de médico ou advogado.[1] Nesses casos, talvez tenha sentido conceber a formação e o aperfeiçoamento profissional essencialmente como a transmissão de conhecimentos e o desenvolvimento de capacidades de um indivíduo. No entanto, o exercício profissional de professores, assim como o de policiais, sempre se vincula a uma instituição com práticas sociais compartilhadas, o que exige consideração específica. Nesse sentido, basta lembrar que, em instituições de ensino superior, a formação inicial produz *licenciados*, que só se tornarão *professores* pelo pertencimento a uma *instituição educacional*.

Essa perspectiva, voltada para a compreensão do professor a partir de seu vínculo com a instituição, não se restringe aos esforços práticos de aperfeiçoamento profissional. Ela deve, inclusive, pautar uma parte significativa dos estudos teóricos, de forma a concentrá-los não em elementos considerados isoladamente (como o desenvolvimento cognitivo e pessoal da criança, a abordagem metodológica ou o livro didático), mas em sua complexa interação na configuração específica da instituição escolar. Uma escola é uma entidade social, e não a mera reunião de indivíduos com diferentes papéis. Trata-se, pois, de preparar profissionais cujo trabalho será sempre ligado a uma instituição com práticas, valores e princípios sedimentados ao longo de sua existência histórica, na qual se forja um *ethos* que poderíamos denominar "mundo escolar", ou "vida escolar". Ora, os esforços voltados para a compreensão e a eventual modificação de aspectos de uma cultura institucional necessariamente devem ter como referência as práticas sociais que caracterizam esse "mundo escolar", e não um ou outro elemento isolado de sua configuração.

Esse problema se agrava ainda mais por se tratar, como neste caso, de uma formação cujo objetivo é vincular a escola à difusão e ao cultivo de princípios éticos ligados à vida pública. Nesse campo, o resultado que se espera da ação docente não é apenas a eficácia na transmissão de uma informação ou na aprendizagem de uma capacidade ou competência, mas o esforço no sentido de cultivar determinada forma de se conceberem o mundo e os homens, de se relacionar consigo, com os outros e com a sociedade; em suma, trata-se de uma formação ética e política. E nesse, talvez ainda mais do que em outros campos, agimos quase sempre como se o "mal" decorresse da falta da consciência do "bem" em cada um (ou, para dar um exemplo, como se a violência policial se devesse à ignorância ou ao menosprezo individual de cada agente da noção de direitos humanos.

Mesmo que dele não tenhamos clara consciência, esse pressuposto tem engendrado uma ampla e persistente modalidade de políticas públicas centradas na produção e difusão de "cartilhas" e manuais informativos cujo objetivo seria a transformação de práticas sociais por meio da "conscientização" dos agentes envolvidos. Em que pese a importância da veiculação de informações, é no mínimo ingênuo crer, por exemplo, que um fenômeno como a "gravidez precoce" deriva fundamentalmente da falta de informação sobre meios contraceptivos, ou ainda que uma prática social longamente arraigada, como comer arroz e feijão, pudesse ser substituída a partir da difusão de informações, por exemplo, sobre o valor nutritivo da soja.

Assim, focalizar uma cultura institucional significa deslocar o olhar da consciência individual para a cultura escolar, procurando discutir seus princípios subjacentes (como os conflitos entre práticas avaliativas fundadas na seletividade meritocrática ou na escolaridade como direito universal) e a diversidade de práticas capazes de efetivar um mesmo ideal social (como uma educação comprometida com o fim das desigualdades).

Ao longo dos anos de vigência do curso, procuramos diversas formas de operacionalizar o princípio de prioridade às práticas institucionais.

A primeira delas foi organizar as inscrições para o curso por escola, e não por professor. Assim, sempre havia uma equipe com cerca de dez pessoas de uma mesma escola. Recomendamos ainda a presença dos coordenadores pedagógicos ou responsáveis pela organização dos horários de reunião coletiva da escola, e essas medidas relativamente simples lograram levar as atividades e os temas abordados na formação às discussões de cada escola, envolvendo inclusive os professores que não frequentavam o curso.

Outra forma de interagir com a cultura institucional – em princípio bastante interessante, mas cuja execução sempre foi problemática – era a participação mensal regular de um membro da equipe de formadores nas reuniões coletivas da escola. Na maior parte dos cursos realizados, a reunião coletiva acompanhada por um membro da equipe era atividade obrigatória. Devido a uma série de dificuldades – desde as pragmáticas, como os horários, às mais profundas, como a legitimidade da presença de um formador externo nessa reunião –, ensaiamos diversos modelos, mas sem grande êxito. Na última versão do curso, chegamos a uma alternativa razoável, que consistia em um trabalho formativo específico para os responsáveis pelas reuniões coletivas nas escolas inscritas, a quem apresentávamos o material preparado e propúnhamos formas de aplicá-lo junto aos professores. Essa modalidade permitiu que o curso chegasse ao cotidiano escolar sem a interferência direta de alguém estranho à escola.

Nesse material destinado às discussões da escola, apresentamos obras literárias, fotográficas, cinematográficas ou musicais que, em sua forma ou conteúdo, tivessem alguma relação com o tema em pauta. (Por exemplo, em um módulo sobre a desigualdade na sociedade brasileira, analisavam-se o filme *Quase dois irmãos*, a canção *Morro Velho*, o conto "Serás Ministro", de Carlos Drummond de Andrade, e fotos de Sebastião Salgado.) Pretendíamos, com essas iniciativas, que o compromisso da ação educativa com a formação de virtudes públicas – de valores que dizem respeito à vida pública – fosse objeto de debate, compreensão e ação pelo grupo de professores participantes e impregnasse a cultura da instituição, atualizando suas práticas pedagógicas e de gestão.

As atividades do programa visam antes à formação intelectual do professor do que à difusão de recursos técnicos e de procedimentos de ensino

Mesmo um exame rápido e assistemático dos programas de formação continuada já revela uma clara e persistente ênfase no desenvolvimento de "competências profissionais". Estas, em geral, são concebidas como a familiarização com teorias, abordagens e métodos que se propõem a renovar as práticas pedagógicas, como, por exemplo, "a pedagogia dos projetos" ou a "pedagogia das competências".

O pressuposto desses objetivos da formação de professores é a ideia de que a insatisfação com nossas práticas educativas resulta da obsolescência de nossos métodos de ensino e da necessidade de renovação de nossa abordagem pedagógica.[2] Ainda que um ou outro aspecto desse "diagnóstico" mereça atenção, parece-nos que ele exige dois tipos de reparo, complementares e de naturezas diferentes. O primeiro é relativo à centralidade da noção de renovação metodológica como fundamento para a melhoria da qualidade do ensino e da educação; o segundo, à potencial perversidade política de aceitação acrítica e da difusão generalizada dessa noção.

No que concerne à crença de que o êxito da formação resultaria fundamentalmente da adoção de um método ou uma abordagem de ensino, Azanha (1995, p. 203), em uma de suas reflexões sobre formação de professores, ressalta com lucidez que:

> [...] é claro que há, hoje, um saber acumulado sobre a situação de ensino-aprendizagem que pode até permitir a indicação de condições propícias à obtenção de um ensino com êxito. Mas isso não é suficiente, porque ensinar com êxito é diferente de ter a posse de um saber proposicional, é um saber fazer, uma habilidade. Do mesmo modo que escrever bem e argumentar bem não se reduzem ao domínio de noções de gramática ou de lógica. Isto posto, a conclusão quase inevitável é que *a melhoria da prática só pode ser feita pela crítica da própria prática*, no momento em que ela ocorre, e *não pela crítica teórica de uma prática abstratamente descrita, ainda que essa descrição seja feita pelos próprios praticantes*. (grifos nossos)

Por essa razão, a maior parte das prescrições metodológicas soa abstrata aos professores, que frequentemente as consideram inaplicáveis a suas condições concretas de trabalho, reforçando o *slogan* que afirma que "a teoria, na prática, é outra". Mas os problemas não resultam apenas do inevitável hiato entre formulações teórico-discursivas e práticas escolares. Resultam, a nosso ver, do próprio empobrecimento teórico da noção de ensino – e de fatores que aumentam sua chance de êxito –, quando o concebemos como redutível a um conjunto relativamente padronizável de ações, traduzidas em "metodologias" e/ou "procedimentos".

Isso porque *ensinar* é uma atividade que visa a um fim – a aprendizagem –, e não a um conjunto de ações claramente delimitáveis ou padronizáveis. Por essa razão, um professor pode ensinar, por exemplo, com seu silêncio, declamando um poema, fazendo uma pergunta... Não obstante, pode-se ficar em silêncio, declamar um poema ou fazer uma pergunta sem que nenhum desses atos seja considerado ensino. O que caracteriza um ato como ensino é antes seu contexto institucional e seu propósito social do que o conjunto de técnicas ou recursos de que se valeu. E seu êxito sempre depende de uma complexa interação entre aquele que ensina, a escolha de seus procedimentos didáticos, aqueles a quem se dirigem as aulas e a natureza do que procura ensinar.

Do ponto de vista político, o predomínio da formação centrada na difusão de métodos e procedimentos significa que se concebe o ideal do trabalho docente como uma aplicação eficaz de técnicas elaboradas por especialistas, cujos resultados também serão mensurados por instrumentos exteriores ao saber do professor, alienando-o de sua obra educativa:

> [...] a figura do mestre tende a se apagar para dar lugar à figura de um agente de transmissão de conhecimentos. [...] O mestre perde a noção de seus próprios fins, perde a ideia de que sua própria identidade se acha engajada em seu trabalho de formação. Seu trabalho torna-se uma técnica de que, de resto, ele pode gostar ou não gostar, na qual pode ou não ser competente, porém, no melhor dos casos, só será capaz de lhe trazer benefícios secundários. (Lefort, 1999, p. 218).

Nesse sentido, a formação educacional passou a ser concebida como fruto de um processo semi-industrial que, ao apartar o professor de seu trabalho, o leva a se desincumbir do êxito ou do fracasso de uma proposta que lhe é estranha.

Centrar a formação continuada de professores em seu desenvolvimento intelectual significa, ao contrário, que a principal contribuição da universidade nessa formação é criar oportunidades de reflexão e compreensão de aspectos do mundo contemporâneo que têm profunda repercussão na tarefa educativa. Não se trata, por exemplo, de ensiná-los simplesmente a utilizar recursos da mídia eletrônica em aula, mas de levá-los a compreender a linguagem televisiva, seu desenvolvimento histórico no Brasil, as formas pelas quais ela opera na legitimação de valores, etc. Dessa forma, busca-se conceber a melhoria da ação docente não como mero resultado da assimilação de procedimentos e saberes, mas como fruto da formação de intelectuais comprometidos com certos ideais educacionais públicos e comuns, como profissionais da educação pública capazes de pensar e desenvolver formas específicas de traduzir esses ideais em práticas concretas e contextualizadas.

No curso, procuramos operacionalizar esse princípio de várias formas. Ele se reflete, por exemplo, na escolha dos temas mensais a partir dos quais organizamos as palestras, as atividades culturais, os grupos de estudos e o material de apoio. Embora a cada curso tenha havido variações temáticas, em função do diálogo com o poder público local, havia um núcleo básico voltado para a reflexão e análise das relações entre educação, democracia e a formação para a vida pública a partir dos desafios da sociedade brasileira. Eram desse núcleo invariante os temas: *a escola e a formação em valores*; *democracia e democratização da escola*; *os direitos humanos e os valores públicos*; *a desigualdade e a sociedade brasileira*; *mídia e educação*; *a violência e a instituição escolar* e *família e escola*, que foram complementados, a cada edição, por outros como *a autoridade docente*; *a escola em face das "culturas juvenis"*; *democratização e políticas de inclusão*, etc.

Por outro lado, a própria organização das atividades visava ao enriquecimento intelectual dos participantes. Conduzidas por juristas, cientistas sociais, psicólogos, etc., as palestras foram seguidas por atividades culturais (filmes, peças de teatro, análise de fotos e trechos de obras literárias) que geravam os debates que culminavam no *grupo de estudos*.

Com cerca de 20 participantes e coordenado por um formador, cada grupo de estudos leu textos clássicos e contemporâneos sobre os temas tratados. A partir de um roteiro de leitura, procuramos cultivar o hábito da leitura rigorosa, da apresentação e do debate de argumentos. Em suma, a ideia era que os professores criassem nesse grupo um ambiente de estudo sistemático e de debate intelectual.

A relação entre a universidade pública e a rede pública não devem ser concebidas como prestação de serviço (da primeira à segunda), mas como oportunidade de fecundação mútua e preservação das particularidades

Apesar das promessas retóricas de mútuo interesse, as relações entre a universidade pública, a rede pública de ensino básico e seus órgãos gestores têm sido marcadas por uma tensão perene, uma desconfiança mútua e uma longa série de queixas recíprocas. A rede de ensino básico acusa a universidade de produzir um "saber teórico" inaplicável a seus dilemas e desafios concretos, e esta, por sua vez, não raro reputa a rede "resistente" a inovações, aferrada a práticas e concepções "tradicionais"[3] e quase sempre constituída por professores "malformados" (como se a formação de professores não fosse uma de suas mais importantes atribuições!).

Não se trata de entrar no mérito dessas alegações – ou acusações –, mas de refletir sobre algumas das principais razões que levaram à disjunção entre as ações e os discursos desses dois segmentos da educação pública que deveriam ser complementares e solidários. Uma delas é o não reconhecimento da diferença entre as perspectivas desses segmentos da educação, e a complementaridade implica esse reconhecimento e a recusa à fusão.

Por um lado, a urgência dos problemas concretos têm levado a rede pública a esperar da universidade o desenvolvimento de teorias, procedimentos e metodologias capazes de enfrentar seus desafios cotidianos. A expectativa é compreensível, embora muito provavelmente irrealizável, pelo menos a curto e médio prazo. É forçoso reconhecer que as profundas transformações da sociedade e da escola brasileira nos últimos 40 anos tiveram um impacto significativo nas concepções e práticas docentes. Nesse período, a escola brasileira saltou de um sistema extremamente seletivo para uma escola básica bastante democratizada em termos de acesso.[4]

Essa mudança transformou profundamente o perfil dos alunos do ensino básico, inviabilizando práticas e exigindo – até hoje – alterações significativas nas concepções acerca da educação escolar, de seus objetivos e de sua importância social. Acrescente-se a isso o fato de que o crescimento da rede pública não foi acompanhado – pelo menos na mesma medida e intensidade – pelo aumento dos investimentos materiais e pelo empenho do Estado na formação inicial dos profissionais da educação. Daí que a demanda de atuação das universidades públicas também no âmbito da formação continuada tenha crescido em frequência e importância.

Nesse aspecto, em particular, em que se insere o projeto sobre o qual refletimos, a relação entre a universidade e as redes públicas de ensino básico tem alternado iniciativas de caráter assistencialista com as mais novas modalidades de "prestação de serviços", notadamente a partir de acordos entre órgãos públicos e fundações de direito privado ligadas a instituições de nível superior. O traço comum a ambas é a pretensão de que a universidade tenha certo "saber", frequentemente associado à posse de técnicas e formas de atuação, cuja difusão seria capaz de renovar e melhorar as práticas escolares. Nesse sentido, as relações entre a universidade e a rede pública são concebidas como fundamentalmente unidirecionais; caberia à primeira "socializar" suas pesquisas e, à segunda, "absorver e implementar" esses "avanços".

A presente proposta, de que as relações devem se pautar por uma fecundação mútua, sugere que a aproximação entre setores da universidade e da rede pública deve fundar-se na corresponsabilização por um programa de formação continuada do qual ambas as partes envolvidas se beneficiem. Não se trata, pois, nem de um programa que "leva os produtos" intelectuais da universidade, nem de uma "encomenda de serviços" a partir do interesse unilateral de um órgão de governo.

A primeira experiência nesse sentido surgiu na segunda edição do curso, em 2003. Nessa ocasião, a equipe, ligada à Feusp, trabalhou em conjunto com um órgão local da Secretaria Municipal de Educação de São Paulo, o Núcleo de Ação Educativa de São Miguel Paulista (NAE 10). Tratava-se de um curso de formação em Educação e Direitos Humanos voltado para supervisores, diretores e coordenadores pedagógicos. A perspectiva geral do curso já estava dada pela própria configuração da equipe e pelo tipo de preocupação formativa. Contudo, os temas abordados, a dinâmica dos encontros e os tipos de atividade surgiram de uma série de reuniões entre a equipe do programa de formação e a equipe pedagógica do órgão gestor local.

Essa dinâmica, na qual os objetivos, as perspectivas e mesmo as expectativas de cada segmento foram apresentadas e discutidas, acabou se generalizando e constituindo um dos princípios de atuação. As inovações em termos de procedimentos, escolhas de temas, perfil dos participantes e tipo de atuação nas escolas, dentre outras, passaram a ser uma responsabilidade compartilhada. Como em qualquer ação conjunta entre instituições distintas, emergiram também conflitos entre perspectivas e interesses.

Os interesses de um órgão gestor da administração pública não coincidem perfeitamente com os da universidade pública e de seus pesquisadores. Aliás, a história da universidade tem sido pontuada pela luta por autonomia em relação a demandas imediatas do poder do Estado. Isso não implica – nem deve resultar – em uma alienação dos problemas da sociedade, mas a preservação das condições de produção de um saber crítico inclusive em relação às políticas públicas e às demandas do mercado ou de seus agentes. Assim, o que permite a cooperação entre essas duas instâncias – a universidade e os gestores públicos – parece ser mais o compromisso político com a educação pública e com os valores e princípios que devem norteá-la do que a comunhão de interesses ou de perspectivas imediatas.

O tipo de aproximação que procuramos ter com a rede difere da contumaz prescrição metodológica por meio da qual pesquisadores procuram difundir técnicas e procedimentos didáticos supostamente mais eficazes. A pretensão das palestras e dos estudos tem sido sempre promover a apresentação e o debate de temas gerais de importância para a formação política – em sentido amplo – dos educadores, incentivando-os a refletir criticamente sobre aspectos fundamentais de nossa sociedade e procurando promover a compreensão de alguns dos principais dilemas dos educadores contemporâneos. Assim, procuramos levar à rede pública algo que é, provavelmente, a marca do ideal da vida universitária: o esforço de produzir conhecimento para compreender o mundo e dar sentido às ações humanas.

Por outro lado, esse contato sistemático e direto com a rede pública – seus educadores e sua cultura de trabalho – aproximou os pesquisadores de profissionais que sentem cotidiana e imediatamente alguns dos problemas mais candentes das políticas públicas de educação, que se veem diante da emergência diária de novos desafios para a educação escolar. Essa aproximação pode vir a ser uma rica fonte inesgotável de questões substantivas para a investigação acadêmica. É nesse sentido que o contato direto e autônomo entre essas duas pontas dos sistemas educativos pode resultar em uma fecundação mútua que, preservando práticas, interesses e *modi operandi* de cada uma das instituições, propicia um intercâmbio legítimo e publicamente relevante.

A educação em Direitos Humanos deve impregnar o cotidiano escolar por meio de sua tematização curricular e do fomento de práticas escolares em consonância com seus princípios

O último princípio comentado aqui diz respeito mais às expectativas em relação aos resultados do trabalho do que propriamente às ações formativas do curso, embora, como veremos, também tenha norteado essas ações. A importância de sua enunciação decorre do fato de que, na maior parte dos casos em que se organizam ações educativas voltadas para a formação em Direitos Humanos, estas aparecem como uma atividade de caráter extraordinário, ainda que rotuladas como "temas transversais" ou projetos "inter" ou "transdisciplinares". Sua presença na escola se assemelha, em vários sentidos, às comemorações cívicas ou às datas especiais que resultam em eventos específicos como o *Dia do Índio* ou o *Dia da Consciência Negra*.

É evidente que a consagração de um dia para marcar uma luta social, por exemplo, não deve ser desprezada. Sua presença no calendário escolar pode representar um esforço sistemático no sentido de trazer à tona temas como a discriminação, o preconceito e a condição dos negros na história do Brasil – fundamentais para uma educação comprometida com os ideais de igualdade e solidariedade. Não obstante, é preciso ressaltar que ações pontuais são definitivamente insuficientes se o que se pretende, mais do que difundir informações, é cultivar valores que se traduzam em um *modo de vida*, ou seja, uma formação voltada para uma *ação ético-política* identificada com os Direitos Humanos.

Como já apontamos em outras ocasiões (cf. Carvalho, 2004a), a solidez de uma formação em valores não resulta do esforço isolado e pontual de determinado professor em um evento específico, mas de uma ação conjunta e contínua da instituição escolar como um todo. Retomando o exemplo anterior, uma educação comprometida com a igualdade étnico-racial não pode se reduzir a uma preleção em uma data específica, sobretudo se no cotidiano da escola – como costuma acontecer – alunos e professores convivem com a discriminação e o preconceito.

O compromisso ético-político com a superação desse aspecto da desigualdade na sociedade brasileira exige, entre outras coisas, sua tematização recorrente nas mais diversas disciplinas e áreas do conhecimento escolar. E ele pode – e deve – estar presente como uma preocupação formativa de qualquer professor, sejam quais forem sua área de atuação ou suas opções metodológicas. Um professor de literatura, por exemplo, encontrará na tradição literária brasileira personagens, eventos e configurações sociais que lhe permitirão análises críticas e reflexões éticas vinculadas a esses ideais. Analogamente, um professor de história também encontrará, no âmbito de sua disciplina, inúmeras oportunidades de abordar o tema, vinculando seu ensino não só à transmissão de um conhecimento específico, mas ao cultivo de um conjunto de valores que, por seu caráter público, devem nortear a ação conjunta de toda a instituição. Isso porque os conteúdos escolares não são meras informações, eticamente neutras, mas representam uma herança simbólica pública à qual atribuímos valor.

E o mesmo se passa com as práticas por meio das quais ensinamos os conteúdos escolares. Ao aprender um jogo como voleibol, por exemplo, os alunos podem aprender também o valor de práticas sociais como o respeito às regras e a lealdade aos companheiros e aos adversários. Não como resultado de uma simples exposição verbal do professor, mas por meio de seu esforço no ensino e na condução do jogo. É nesse sentido que afirmamos que o cultivo de princípios éticos e políticos não se restringe a uma atividade educativa específica, mas deve impregnar o cotidiano escolar em suas atividades mais corriqueiras. Eles estão contidos nos próprios conteúdos aprendidos, nas formas de conhecimento ensinadas e, portanto, se encarnam nas atividades e práticas docentes que os materializam como conteúdos didáticos e práticas escolares.

Ao orientar a produção de um texto, por exemplo, um professor pode – ou não – buscar desenvolver em seus alunos o valor da precisão, do capricho ou do rigor. Para isso, é possível que ele discorra sobre sua importância, mas seguramente sequer é necessário. É possível ensinar alguém a ser caprichoso sem necessariamente falar-lhe sobre o valor do capricho, assim como é possível ensinar alguém a gostar de música sem lhe dizer "goste de música, ela é uma expressão importante da cultura humana".

O aprendizado de princípios éticos como os que inspiram os Direitos Humanos não se dá, portanto, por sua mera enunciação. Ao contrário, sua transmissão e preservação dependem das *práticas sociais cotidianas* dos profissionais da educação, de sua consciência desses princípios e de seu significado, assim como de seus esforços no sentido de traduzi-los, aplicá-los e mantê-los vivos. A melhor forma de cultivá-los e transmiti-los como um dos mais importantes legados culturais da humanidade é torná-los presentes não só em palavras, mas em suas ações como professores e profissionais da educação.

Por essa razão, eles são um exemplo frisante da ideia de Aristóteles de que o aprendizado das virtudes éticas não decorre da simples consciência de certos princípios, nem da posse ou da enunciação de imperativos e máximas morais, mas resulta de um constante exercício prático neles fundado:

> [...] quanto às várias formas de excelência moral, todavia, adquirimo-las por havê-las efetivamente praticado, tal como fazemos com as artes. As coisas que temos de aprender antes de fazer, aprendemo-las fazendo-as – por exemplo, os homens se tornam construtores construindo, e se tornam citaristas tocando cítara; da mesma forma, tornamo-nos justos praticando atos justos, moderados agindo moderadamente, e corajosos agindo corajosamente. Essa asserção é confirmada pelo que acontece nas cidades, pois os legisladores formam os cidadãos habituando-os a fazerem o bem; esta é a intenção de todos os legisladores; os que não a põem corretamente em prática falham em seu objetivo, e é sob este aspecto que a boa constituição difere da má. (Aristóteles, 2001, p. 35)

Ao que acrescentaríamos que é sendo um professor justo que ensinamos o valor e o princípio da justiça aos nossos alunos; sendo respeitosos e exigindo que eles também o sejam é que lhes ensinamos o respeito – não como um conceito, mas como um princípio de conduta. Mas é preciso, ainda, ressaltar que a recíproca também é verdadeira: se virtudes como o respeito, a tolerância e a justiça são ensináveis, também o são os vícios como o desrespeito, a intolerância e a injustiça. E pelas mesmas formas.

Para aqueles que se ocupam da formação continuada de professores, isso implica que os valores subjacentes aos ideais norteadores dos Direitos Humanos devem estar presentes não só nos conteúdos teóricos e culturais do programa de formação, mas também – e sobretudo – em suas práticas formativas, pois, como ressalta Michael Oakeshott (1968, p. 78), "só um professor que valorize essas virtudes poderá transmiti-las a seus alunos. Não é o grito, mas o voo do pato silvestre o que faz com que o bando o siga".

NOTAS

1 É claro que, em determinados arranjos sociais e contextos históricos, ambas as profissões podem ser exercidas em contexto fundamentalmente institucional. Não se trata, pois, de uma natureza imutável das profissões e dos saberes a elas ligados, mas antes de uma dada configuração histórica.
2 Provavelmente da adesão a esse pressuposto resulte o "entusiasmo" pelas "inovações metodológicas", como vimos há não muito tempo com a "Escola da Ponte", em Portugal. Independentemente do mérito ou demérito dessa e de outras experiências análogas, a promessa da renovação escolar de viés procedimental e metodológico remonta aos anos de 1920, sem até hoje lograr avanços ao mesmo tempo interessantes e generalizáveis. Desde então, o discurso escolar conheceu um sem-número de "novas perspectivas" ou "abordagens e métodos inovadores" cujos resultados têm se limitado a entreter debates pseudoacadêmicos e a impulsionar venda de livros e manuais.
3 Nesse caso, o sentido que se dá à palavra "tradicional" é apenas negativo.
4 Tomemos como exemplo o caso do estado de São Paulo. Até 1969, estima-se que apenas 15% dos alunos que concluíam o ensino primário – correspondente ao atual período do 2º ao 5º ano do ensino fundamental – passavam pelo exame de admissão para continuar os estudos no ginásios – do 6º ao 9º ano. Hoje, praticamente toda a população (97%) em idade escolar tem acesso ao ensino fundamental. Trata-se de uma mudança significativa, sobretudo se considerarmos o perfil da maior parte dos alunos que eram então excluídos do sistema educacional.

Referências

AGAMBEN, G. *Infância e história*. Belo Horizonte: UFMG, 2005.
ARENDT, H. *Sobre a violência*. Rio de Janeiro: Civilização Brasileira, 2009.
_____. *Da revolução*. São Paulo: Ática, 1990.
_____. *A condição humana*. Rio de Janeiro: Forense, 1989.
_____. *Entre o passado e o futuro*. São Paulo: Perspectiva, 1978.
ARISTÓTELES. *Ética a Nicômaco*. Brasília: UnB, 2001.
_____. *Política*. Brasília: UnB, 1997.
AZANHA, J. M. P. *A formação do professor e outros escritos*. São Paulo: Senac, 2006a.
_____. Proposta pedagógica e autonomia da escola. In: *Formação de professores e outros escritos*. São Paulo: Senac, 2006b.
_____. *Educação:* temas polêmicos. São Paulo: Martins Fontes, 1995.
_____. Democratização do ensino: vicissitudes da ideia no ensino paulista. In: _____. *Educação:* alguns escritos. São Paulo: Nacional, 1987a. p. 25-43.
_____. *Educação:* alguns escritos. São Paulo: Cia. Editora Nacional, 1987b.
BACON, F. *Novum organum* ou verdadeiras indicações acerca da interpretação da natureza; Nova Atlântida. Tradução e notas José Aluysio Reis de Andrade. 2. ed. São Paulo: Abril Cultural, 1979. (Os Pensadores).
BARBOSA, M. Do sonho ao pesadelo: a pedagogia da autonomia sob suspeita. *Revista Brasileira de Estudos Pedagógicos*, Brasília, v. 89, n. 223, p. 455-466, set./dez. 2008.
BARROS, G. N. M. O exercício da cidadania como forma superior de humanismo. In: *Platão, Rousseau e o Estado total*. São Paulo: T. A. Queiroz, 1995.
BENJAMIN, W. *Magia e técnica. Arte e política*. São Paulo: Brasiliense, 1989.
BERLIN, I. Dois conceitos de liberdade. In: HARDY, H.; HAUSHEER, R. (orgs.). *Isaiah Berlin:* estudos sobre a humanidade. São Paulo: Companhia das Letras, 2002.

BRASIL. Ministério da Educação. Conselho Nacional de Educação. Câmara de Educação Básica. Resolução n. 4, de 16 de agosto de 2006. Altera o artigo 10 da Resolução CNE/CEB nº 3/98, que institui as Diretrizes Curriculares Nacionais para o Ensino Médio. *Diário Oficial*, Brasília, DF, Seção 1, p. 31, 11 abr. 2007. Disponível em: <http://portal.mec.gov.br/setec/arquivos/pdf/rceb04_06.pdf>. Acesso em: 16 jul. 2011.

_____. Ministério da Educação. Conselho Nacional de Educação. Câmara de Educação Básica. *Diretrizes Curriculares Nacionais*. Parâmetros Curriculares Nacionais – Ensino Médio, 2000. Disponível em: <http://www.google.com.br/#pq=%22como+meios+para+a+constitui%C3%A7%C3%A3o+de+compet%C3%AAncias+e+valores+e+n%C3%A3o+como+objetivos+do+ensino+em+si+mesmo%22&hl=pt-BR&cp=11&gs_id=34&xhr=t&q=diretrizes+curriculares+ nacionais&pf=p&sclient=psy-ab&biw=1273&bih=558&source=hp&pbx=1&oq=diretrizes+&aq=0&aqi=g4&aql=&gs_sm=&gs_upl=&bav=on.2,or.r_gc.r_pw.,cf.osb&fp=202eb261cbbf01d8>. Acesso em: 3 fev. 2012.

_____. Ministério da Educação. Conselho Nacional de Educação. Câmara de Educação Básica. Resolução CEB n. 3, de 26 de junho de 1998a. *Diário Oficial*, Brasília, DF, Seção 1, p. 21, 5 ago. 1996. Disponível em: <http://portal.mec.gov.br/cne/arquivos/pdf/rceb03_98.pdf>. Acesso em: 21 jul. 2011.

_____. Ministério da Educação. Conselho Nacional de Educação. Câmara de Educação Básica. *Parecer n. 15*, 1 de junho de 1998b. Disponível em: <http://portal.mec.gov.br/cne/arquivos/pdf/1998/pceb015_98.pdf>. Acesso em: 21 jul. 2011.

_____. Secretaria de Educação Fundamental. *Parâmetros Curriculares Nacionais:* introdução aos parâmetros curriculares nacionais. Secretaria de Educação Fundamental. Brasília : MEC/SEF, 1997a. Disponível em: <http://www.google.com.br/#sclient=psy-ab&hl=pt-BR&source=hp&q= par%C3%A2metros+curriculares+nacionais+ensino+m%C3%A9dio&pbx=1&oq=par%C3%A2metros+&aq=1&aqi=g4&aql=&gs_sm=c&gs_upl=1362l3258l0l7722931l2l8l0l4l4l1l209l1363l0.7.1ll2l0&bav=on.2,or.r_gc.r_pw.,cf.osb&fp=aa900a721ae15268&biw=1273&bih=564>. Acesso em: 30 jan. 2012.

_____. Ministério da Educação. Secretaria de Educação Fundamental. *Parâmetros Curriculares Nacionais:* apresentação dos temas transversais, ética. Brasília: MEC/SEF, 1997b. Disponível em: <http://www.google.com.br/#hl=pt-BR&q=Par%C3%A2metros+Curriculares+Nacionais%3B+apresenta%C3%A7%C3%A3o+dos+temas+transversais%2C+%C3%A9tica&oq=Par%C3%A2metros+Curriculares+Nacionais%3B+apresenta%C3%A7%C3%A3o+dos+temas+transversais%2C+%C3%A9tica&aq=f&aqi=&aql=&gs_sm=e&gs_upl=132061l132061l6l13238 7l11l1l0l0l0l0l1305l305l3-1l1l1l0&bav=on.2,or.r_gc.r_pw.&fp=8f3b1e413c2aa6c7&biw=1280&bih=539>. Acesso em: 28 jul. 2011.

_____. Ministério da Educação. Secretaria de Educação Fundamental. *Parâmetros Curriculares Nacionais:* apresentação dos temas transversais, ética. MEC/SEF 1997c.

_____. Ministério da Educação. *Lei nº 9.394*, de 20 de dezembro de 1996. Estabelece as diretrizes e bases da educação nacional. Disponível em: <http://www.planalto.gov.br/ccivil_03/Leis/L9394.htm>. Acesso em: 3 ago. 2011.
CANDIDO, A. O direito á literatura. In: CARVALHO, J. S. (org.). *Educação, cidadania e direitos humanos*. Petrópolis: Vozes, 2004.
CARVALHO, J. S. F. O declínio do sentido público da educação. *Revista Brasileira de Estudos Pedagógicos*, Brasília, v. 89, n. 223, p. 411-424, set./dez. 2008.
_____. Educação e direitos humanos: experiência em formação de professores e em práticas escolares. In: SCHILLING, F. (Org.). *Direitos humanos e educação*: outras palavras, outras práticas. São Paulo: Pró-Reitoria de Pesquisa USP/Feusp/Cortez, 2005. 264 p.
_____. (Org.). *Educação, cidadania e direitos humanos*. Petrópolis: Vozes, 2004a.
_____. "Democratização do ensino" revisitado. *Educação e Pesquisa*, São Paulo, v. 30, n. 2, mai./ago. 2004b.
_____. *Construtivismo:* uma pedagogia esquecida da escola. Porto Alegre: Artmed, 2001.
CARVALHO, J. S. F. et al. Formação de professores e educação em direitos humanos e cidadania: dos conceitos às ações. *Educação e Pesquisa*, São Paulo, v. 30, n. 3, p. 435-445, set./dez. 2004.
CERCA de 700 mil alunos da educação básica cursam séries incompatíveis com a idade. *Correio Braziliense*, Brasília, 22 jan. 2009.
CONSTANT, B. Da liberdade dos antigos comparada à dos modernos. *Filosofia Política*, São Paulo, v. 2, p. 9-25, 1985. Disponível em: <http://www.fflch.usp.br/dh/heros/antigosmodernos/seculoxix/constant/liberdadeantigos.html>. Acesso em: 30 jan. 2012.
DELORS, J. *Educação:* um tesouro a descobrir. São Paulo: Cortez, 2001.
DUARTE, A. Poder e violência no pensamento político de Hannah Arendt: uma reconsideração. Posfácio. In: ARENDT, H. *Sobre a violência*. Rio de Janeiro: Civilização Brasileira, 2009.
_____. *O pensamento à sombra da ruptura*: política e filosofia no pensamento de Hannah A. São Paulo: Paz e Terra, 2000.
DUBET, F. *Le déclin de l'institution*. Paris: Seuil, 2002.
ENTRE les murs. Direção: Laurent Cantet. Intérpretes: François Bégaudeau; Nassim Amrabt; Laura Baquela; Cherif Bounaïdja Rachedi e outros. França, 2007. 1 bobina cinematográfica (128 min), son., color.
HAVELOCK, E. *A revolução da escrita na Grécia e suas consequências culturais*. São Paulo: Unesp, 1996.
JAEGER, W. *Paideia*. São Paulo: Martins Fontes, 1989.
KNELLER, G. *Introdução à filosofia da educação*. Rio de Janeiro: Zahar, 1966.
LARROSA, J. *Pedagogia profana*. Belo Horizonte: Autêntica, 2000.
LEFORT, C. Formação e autoridade: a educação humanista. In: _____. *Desafios da escrita política*. São Paulo: Discurso Editorial, 1999.
_____. *Desafios da escrita política*. São Paulo: Discurso Editorial, 1998.

MILLS, W. *A imaginação sociológica*. Rio de Janeiro: Zahar, 1970.
MIZUKAMI, N. *Ensino:* as abordagens do processo. São Paulo: EPU, 1986.
MORAES, A. *Uma crítica da razão pedagógica*. Tese (Doutorado em Educação) – Faculdade de Educação, Universidade de São Paulo, São Paulo, 1997.
MORAES, E.; BIGNOTTO, N. (Orgs.). *Hannah Arendt:* diálogos, reflexões e memórias. Belo Horizonte: UFMG, 2003.
NEILL, A. S. *Liberdade, escola, amor e juventude*. São Paulo: Ibrasa, 1978.
OAKESHOTT, M. Learning and Teaching. In: PETERS, R. S. (Org.). *The Concept of Education*. London: Routledge and Kegan Paul, 1968.
PASSMORE, J. *The Philosophy of Teaching*. London: Duckworth, 1984.
PETERS, R. S. *The Concept of Education*. London: Routledge and Kegan Paul, 1968a.
_____. Education as Initiation. In: ARCHAMBAULT, R. D. (Org.). *Philosophical Analysis and Education*. London: Routledge and Kegan Paul, 1968b.
PIAGET, J. Psychologie de l'enfant et enseignement de l'histoire. In: _____. *De la pédagogie*. Paris, Odile Jacob, 1998
_____. *Psicologia e pedagogia*. São Paulo: EPU, 1978.
PLATÃO. *Protágoras*. Belém, PA: UFP, 2002.
_____. *Apologia de Sócrates*. São Paulo: Abril, 1976. (Coleção Os Pensadores.)
POPPER, K. *Conjecturas e refutações*. Brasília: UnB, 1986.
_____. *Conhecimento objetivo*. Belo Horizonte: Itatiaia/São Paulo: Edusp, 1975.
POSTMAN, N. *O desaparecimento da infância*. Rio de Janeiro: Graphia, 1998.
RIBEIRO, R. J. *A democracia*. São Paulo: Publifolha, 2001.
RYLE, Gilbert. *The Concept of Mind*. Chicago: UCP, 2002.
_____. *Dilemas*. São Paulo: Martins Fontes, 1993.
_____. *On Thinking*. Oxford: Basil Blackwell, 1979.
_____. Can virtue be taught? In: DEARDEN, R. F. et al. (Orgs.). *Education and the Development of Reason*. London: Routledge and Kegan Paul, 1972.
SANTOS, M. F. dos. *O Centro Regional de Pesquisa Educacional SP*. Dissertação (Mestrado em Educação) – Faculdade de Educação, Universidade de São Paulo, São Paulo, 2001.
SÃO PAULO (Estado). Secretaria da Educação. *Proposta Curricular do Estado de São Paulo:* Geografia. 7. ed. São Paulo: SE/Cenp, 1992.
SCHEFFLER, I. *A linguagem da educação*. São Paulo: Edusp/Saraiva, 1978.
WEBER, M. *Ciência e política:* duas vocações. São Paulo: Cultrix, 1998.
SILVA, F. L. O mundo vazio: sobre a ausência da política no mundo contemporâneo. In: ACCYOLI E SILVA, D.; MARRACH, S. A. (Orgs.). *Maurício Tragtemberg:* uma vida para as ciências humanas. São Paulo: Unesp, 2001.